PIERLUIGI ROMEO DI COLLOREDO MELS - FABRIZIO FORMICA DI CIRIGLIANO
ILLUSTRAZIONI DI LUCA STEFANO CRISTINI

LA BATTAGLIA DI ANGHIARI 1440

DAI CONDOTTIERI A LEONARDO

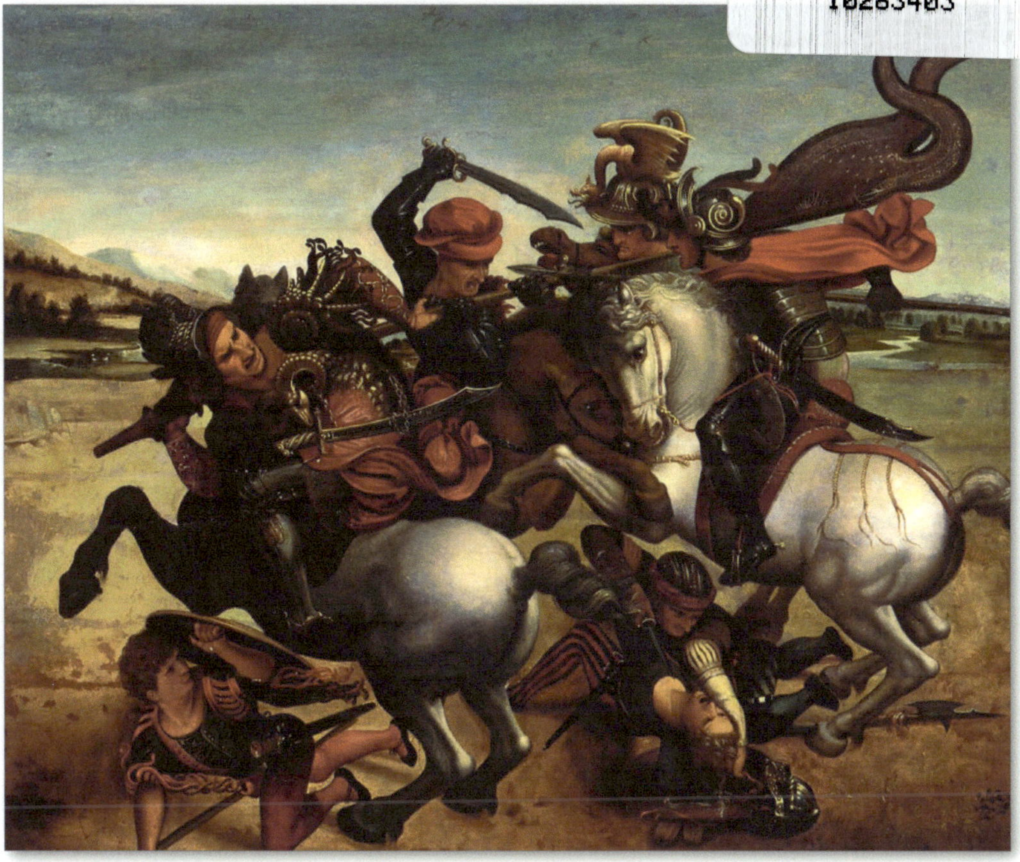

BATTLEFIELD 020

SOLDIERSHOP PUBLISHING

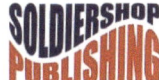

AUTORI

Pierluigi Romeo di Colloredo è archeologo professionista e storico militare; laureato e specializzato in Archeologia, collabora con la Soprintendenza Archeologica per il Lazio; autore di numerosi articoli scientifici e saggi storici, sul periodo medievale e rinascimentale ha pubblicato *I Cavalieri della Croce Nera. L'Ordensbuch del 1264: Statuto, Regola e Storia militare dell'Ordine Teutonico*, Genova 2009 che comprende la prima traduzione in italiano della Regola e dello Statuto dell'Ordine Teutonico del 1264; *Et l'alifante battaglio coll'aquila. Sigismondo Pandolfo dei Malatesti e Federigo da Montefeltro, vita parallela di due condottieri nell'Italia del XV secolo*, Roma 2009; *La battaglia dimenticata. Monte Celio, 12 aprile 1498*, Bergamo 2016; *Rodolfo di Colloredo, un Feldmaresciallo italiano nella Guerra dei Trent'Anni*, Bergamo 2017; con Mario Venturi, *La Battaglia di Montaperti, 1260*, in due volumi, Bergamo 2019. Con la nostra casa editrice ha in uscita *Da Benevento a Tagliacozzo, 1264-1268. La fine degli Hohenstaufen*.

Fabrizio Formica di Cirigliano è nato a Roma il 6 gennaio 1967 e si è diplomato presso il De La Salle College "Oaklands", di Toronto, Canada. Ha prestato servizio come ufficiale dei carabinieri. Ha studiato economia politica presso l'Università Luigi Bocconi di Milano ed è laureato in economia aziendale presso l'Università di Perugia. Successivamente si è laureato in scienze per i beni culturali presso l'Università di Siena con tesi sull'archeologia del campo di battaglia di Anghiari e sta frequentando i corsi della laurea magistrale in Archeologia presso l'Università di Firenze. Vive ad Arezzo dove si occupa di mercato immobiliare dopo essersi occupato per anni di borsa e mercati finanziari come trader privato.

Luca Stefano Cristini, bergamasco, appassionato da sempre di storia militare. Ha diretto per diversi anni riviste nazionali specializzate di carattere storico uniformologico. Ha collaborato con gli editori Albertelli e De Agostini per varie loro pubblicazioni. Ha pubblicato un importante lavoro, su cinque tomi, dedicato alla guerra dei 30 anni (1618-1648). In questo libro su Montaperti ha realizzato tutto l'apparato grafico delle tavole a colori, e dell'araldica.
Cristini ha al suo attivo molti titoli delle collane Soldiershop.

NOTE EDITORIALI

Tutto il contenuto dei nostri libri, in qualsiasi forma prodotti (cartacei, elettronici o altro) quando non diversamente specificato è copyright soldiershop.com. I diritti di traduzione, riproduzione, memorizzazione con qualsiasi mezzo, digitale, fotografico, fotocopie ecc. Sono riservati per tutti i Paesi. Nessuna delle immagini presenti nei nostri libri può essere riprodotta senza il permesso scritto di soldiershop.com. L'Editore rimane a disposizione degli eventuali aventi diritto per tutte le fonti iconografiche dubbie o non identificate. I marchi Soldiershop Publishing, Bookmoon, Museum s e relative collane sono di proprietà di soldiershop.com o Luca Cristini Editore; di conseguenza qualsiasi uso esterno non è consentito.

Per ragioni editoriali legate alle dimensioni ed alle impostazioni dei volumi della collana "Battlefield" non è stato possibile pubblicare una parte, maggiormente tecnica, del testo originale dedicata all'archeologia del campo di battaglia. Il testo integrale è comunque disponibile nel formato e-book del presente lavoro.

LICENSES COMMONS

This book may utilize part of material marked with license creative commons 3.0 or 4.0 (CC BY 4.0), (CC BY-ND 4.0), (CC BY-SA 4.0) or (CC0 1.0). Or derived from publication 70 years old or more and recolored from us. We give appropriate attribution credit and indicate if change were made in the acknowledgements field.
All our books utilize only fonts licensed under the SIL Open Font License or other free use license.

RINGRAZIAMENTI

Gli autori ringraziano per la collaborazione gli amici Mario Venturi, Nadir Durand, Massimo Predonzan e altri per la consulenza diretta e indiretta tramite la loro opera divulgativa e iconografica sull'argomento.

ISBN: 9788893274494   1a edizione Aprile 2019
Title: Battlefield 020 - **La battaglia di Anghiari 1440** by Pierluigi Romeo di Colloredo Mels, Fabrizio Formica di Cirigliano. Tavole e ricerca iconografica di Luca Stefano Cristini
Editor: Luca Cristini Editore, for the brand: Soldiershop. Cover & Art Design: Luca S. Cristini.

In copertina: Il condottiero Micheletto Attendolo Sforza alla battaglia di Anghiari con portainsegne 1440.

INTRODUZIONE

In questo volume della collana *Battlefield*, dopo aver introdotto il contesto storico, politico, militare e culturale in cui la battaglia di Anghiari maturò, ossia l'espansionismo di Filippo Maria Visconti nella Toscana Centrale, cui si intreccia l'ascesa al potere di Cosimo il Vecchio de'Medici- non è un caso che ad Anghiari sia presente, tra i milanesi, il suo grande avversario Rinaldo degli Albizzi- e tracciato un profilo dei protagonisti degli avvenimenti, abbiamo citato le fonti scritte che la trattano, *in primis* le *Istorie Fiorentine* del Machiavelli, e delineato lo svolgimento dello scontro tra la lega antiviscontea condotta da Micheletto attendolo e i milanesi di Nicolò Piccinino, si procederà a ipotizzare un *modus operandi* attuabile sul terreno, al fine di affrontare uno dei problemi che le sopra citate fonti scritte pongono, ossia quello delle effettive perdite umane, e non solo, registrate in quella giornata, e che il Machiavelli, per ragioni ideologiche di polemica contro i mercenari indica in un solo morto, a dispetto delle relazioni dei commissari fiorentini, che parlano di parecchie centinaia di caduti; abbiamo fornito anche gli strumenti essenziali per chi volesse visitare oggi i luoghi della battaglia

Infine ci è sembrato necessario trattare del celeberrimo affresco di Leonardo in Palazzo Vecchio, oggi perduto, che ha dato fama intramontabile alla battaglia di Anghiari, alimentando recentemente il mito di una presunta sopravvivenza di quanto resta dell'opera vinciana dietro gli affreschi vasariani. L'amico ed editore Luca Cristini ha illustrato l'opera con tavole tratte dalla sua collezione di figurini militari e con una tavola dedicata all'araldica dei partecipanti alla battaglia, tavole che completano magistralmente il lavoro.

Questo lavoro trae origine dalla tesi di laurea di uno dei due Autori, Fabrizio Formica di Cirigliano, discussa presso l'Università di Siena, nella quale si è voluta coniugare la disciplina della storia medievale con l'archeologia, in uno spirito interdisciplinare così attuale in molti campi accademici ma ancora poco applicato in campo storico- militare[1].

Per motivi di spazio legati al formato, all'impostazione della collana ed al numero massimo di pagine dei volumi della collana *Battlefield* non è stato possibile pubblicare la parte, maggiormente tecnica, dedicata alla metodologia archeologica ed all'archeologia dei campi di battaglia, che esula dagli scopi del presente lavoro, abbiamo lasciato ovviamente ciò che riguarda il campo di Anghiari nel capitolo *Il sito della battaglia di Anghiari, ipotesi per un intervento archeologico*.

Di seguito ne presentiamo una rapida sintesi; per chi desiderasse approfondire tali tematiche il testo completo è comunque disponibile nel formato e-book del presente lavoro, non legato a contingenze di spazio.

A parere degli Autori spesso solo l'intreccio delle fonti scritte con le fonti materiali può portare alla ricostruzione di una trama storica di maggior spessore e consistenza rispetto all'uso esclusivo di una sola di queste classi di documenti.

Per fare storia – e per capire la storia – bisogna comunque andare in profondità. Questo si può fare scavando in un archivio, scavando nelle motivazioni e nella psicologia degli attori coinvolti, scavando nel terreno o adoperandosi in tutti questi tipi di "scavo" contemporaneamente, in maniera interdisciplinare.

Negli ultimi decenni l'archeologia si è definitivamente emancipata dal ruolo di "ancella della storia" – utile nel raccogliere dati ed indizi ma lasciando campo libero allo storico professionista per quanto concerne l'onere e l'onore della ricostruzione generale – fino a diventare disciplina storica con pari dignità accademica. Molto ha contribuito non solo il grande lavoro svolto a livello teorico, ma anche l'ingresso nell'indagine archeologica di metodologie, protocolli e tecnologie che le hanno dato

---

1   Fabrizio Formica, *La battaglia di Anghiari (1440) alla luce dell'archeologia militare. Strumenti e prospettive di una disciplina emergente.*, Dipartimento di Scienze della Formazione, Scienze umane e della Comunicazione interculturale, Corso di Laurea in Scienze per i Beni culturali, Università di Siena, Anno accademico 2016-2017.

strumenti talmente potenti da portarla a riscrivere i libri di storia, o anche solo ad aiutare lo storico professionista a farlo, ma ad un livello oramai paritario.

In questa ottica lo sviluppo della moderna archeologia militare è esemplare: nata in un contesto povero di storia come gli USA, facendo quindi magistralmente di necessità virtù, ha proposto nuovi strumenti e nuove metodologie che, se applicati a contesti più ricchi di passato, possono portare ad esiti non immaginabili fino a solo pochi anni fa. Anche in Italia sin dal 1938 era infatti uscito sul *Bollettino dell'Arma del Genio* un saggio a firma di Umberto Silvagni, un giornalista perugino di area liberale-nazionalista, il quale sosteneva con forza l'idea di ricercare e scavare i principali campi di battaglia romani in Italia. Citato da altra pubblicazione, gli autori di quest'ultima commentavano con grande perspicacia che

È facile rendersi conto infatti che a nulla gioverebbe la ricerca diretta senza alcun filo conduttore, come a nulla approderebbe la ricerca di chi volesse dedurre l'ubicazione dei campi di battaglia soltanto dal commento filologico dei passi relativi degli storici antichi, i quali spesso attraverso i commentatori letterari sono stati svisati e ingarbugliati[2],

di fatto anticipando alcuni dei temi e dei problemi cruciali che questa disciplina avrebbe cercato di affrontare a partire dalla fine del XX secolo: e indubbiamente ciò è valido anche in casi come quello di Anghiari, dove le fonti sono limitate e poco chiari sono schieramenti e movimenti sul campo.

Inizialmente le due scuole teoriche contemporanee dominanti in campo archeologico, quella del *processualismo* e quella del *post-processualismo*, benché in disaccordo su molto, sembravano convergere su una convinzione, ossia che non vi fosse spazio per una branca archeologica dedicata a tematiche militari[3]. A pregiudizi di ordine teorico – e spesso di natura ideologica – si sommavano altri di natura metodologica, che sollevavano il problema della eventuale scarsità di documenti materiali, tale da rendere ardua se non impossibile qualsiasi sensata e scientifica ricostruzione storica di eventi che a volte erano durati lo spazio di lunghe settimane, ma che in altri casi si potevano risolvere nel volgere di poche ore. Per arrivare alla definitiva affermazione della "*archeologia del conflitto*" e della sua branca subalterna dell' "*archeologia militare*", si sarebbe dovuto attendere la pubblicazione di un lavoro che ha fatto scuola, ossia quello che Douglas Scott ed altri pubblicarono nell'ormai lontano 1989 sul sito della battaglia di Little Big Horn.

Da allora la disciplina è letteralmente esplosa, trattando temi dalla preistoria a eventi e siti contemporanei; oggi che questa branca si è affermata definitivamente, anche se purtroppo non Italia, o non abbastanza, la sfida sembra essere quella di uscire dal limitato contesto dello studio del singolo *sito*, per allargare l'orizzonte ad analisi e ragionamenti riportati su una scala ulteriormente amplificata che abbia un respiro di natura strategica.

Pierluigi Romeo di Colloredo Mel e Fabrizio Formica di Cirigliano

---

2   Il brano è disponibile online all'indirizzo http://www.viagginellastoria.it/archeoletture/archeologia/1938campibattagliaromani.htm
3   Keefe McNutt, *Finding Forgotten Fields*, p. 17.
4   https://savingplaces.org/stories/interview-qa-little-bighorn-archaeologist-douglas-scott#.WlZUGHmQyM8
5   Keefe McNutt, *Finding Forgotten Fields*, p. 17.

▲ Andrea del Castagno, monumento equestre a Niccolò da Tolentino. Il grande condottiero al servizio di Firenze morto nel 1435 dieci anni prima della battaglia per le ferite riportate dai Visconti.

INDICE :

INTRODUZIONE .... pag. 3

PARTE PRIMA

"Ed in tanta rotta ed in sì lunga zuffa".   Anghiari, 29 giugno 1440

    Premesse e contesto .... pag. 7
      L'Italia nel XV secolo .... pag. 9
    La guerra nel XV secolo .... pag. 11
      La guerra nel Medioevo .... pag. 11
      L'arte militare ai tempi dei condottieri. La guerra come opera d'arte .... pag. 17
    I protagonisti .... pag. 25
      Filippo Maria Visconti, duca di Milano .... pag. 25
      Niccolò Piccinino .... pag. 27
      Cosimo il Vecchio .... pag. 30
      Micheletto Attendolo .... pag. 35
    La battaglia .... pag. 37
      Considerazioni sui numeri di soldati coinvolti .... pag. 51
      Le buone leggi e le buone armi .... pag. 52
      Il sito della battaglia di Anghiari, ipotesi per un intervento archeologico .... pag. 57

Il campo di battaglia oggi. .... pag. 61

Conclusioni .... pag. 62

Appendice 1.
La battaglia di Anghiari nella descrizione di Niccolò Machiavelli .... pag. 67

Appendice 2.
Il perduto affresco leonardesco della battaglia di Anghiari in Palazzo Vecchio .... pag. 69

Bibliografia .... pag. 83

"ED IN TANTA ROTTA E IN SÌ LUNGA ZUFFA"

LA BATTAGLIA DI ANGHIARI 29 GIUGNO 1440

PREMESSE E CONTESTO

Ciò che accadde ad Anghiari quel giorno di fine giugno 1440 solleva tutta una serie di problemi rispetto ai quali – per chi scrive – i metodi, i fini e la filosofia della archeologia militare possono essere di grande aiuto per affrontarli e possibilmente risolverli.
La battaglia di Anghiari rappresenta un autentico punto di svolta nella storia italiana tardo-medievale, considerato che l'ultimo tentativo dei milanesi di espandersi nel centro Italia venne in quella giornata frustrato. Sarebbe lecito ipotizzare che qualora Milano avesse vinto, avrebbe da quella tappa tratto la forza e l'energia necessarie per forse unificare, se non tutta, gran parte della Penisola con quattro secoli di anticipo sul Risorgimento, mentre altri[1] sostengono che quello fu il giorno in cui fu salvo il Rinascimento di stampo fiorentino così come era nato in seguito al celebre concorso del 1401 e come oggi siamo giunti a conoscerlo.
Questo fu uno scontro essenzialmente di professionisti, ossia di mercenari, eccezion fatta per le milizie – in realtà abbastanza raccogliticce e di basso valore militare – di abitanti di Borgo Sansepolcro e di Anghiari, schierati i primi con i milanesi, i secondi con i collegati.
Il loro ruolo assolutamente marginale e non decisivo nella battaglia è testimoniato – come riporta Niccolò Capponi nel suo testo citato più volte in questo lavoro – dal fatto che le loro azioni ed i loro numeri latitano dai documenti e dalle missive stilate dai contemporanei di quegli eventi.
Anghiari battaglia di mercenari, dunque: i mercenari sono sempre esistiti in guerra, dai Mamertini le cui vicende sono legato alla genesi delle guerre puniche, sino agli attuali *contractors* impiegati dagli USA – in un'ottica di contrazione dei costi e di disimpegno diretto dello stato – in diversi teatri di crisi odierni. Ai tempi di Machiavelli, molti capitani di ventura avevano dato buona prova di sé, servendo efficacemente e con lealtà il loro "datore di lavoro", pagando spesso alti prezzi in termini di vite umane. Altri decisamente meno. Ma indubbiamente Machiavelli seppur forzando ed alterando la verità fattuale, anche in questo ambito ha saputo precorrere i tempi, visto che col declino degli stati *ancien régime* quasi 300 anni dopo, gli eserciti mercenari lasciarono definitivamente il passo negli stati moderni ad eserciti nazionali composti da cittadini-soldato. La vicenda stessa del Piccinino in parte conferma le peggiori accuse di Machiavelli rivolte a questa classe di soldati professionisti e le riserve che nutriva nei loro confronti. Figlio di un macellaio umbro, il Piccinino cercò sempre di ricavarsi un dominio personale nella sua terra natia, a prescindere da chi fosse il committente del momento[2].
Dopo un iniziale periodo passato a servire la repubblica di Firenze, Niccolò Piccinino nel novembre del 1425 passò ai nemici del momento di Firenze, i viscontei. Essendo il suo contratto con Firenze ormai in scadenza[3], il condottiero perugino aveva chiesto ai fiorentini un aumento della propria condotta di 60 uomini con il loro seguito, 100 fanti e una provvigione personale di 200 fiorini mensili. Per avarizia o perché le richieste di Niccolò erano insostenibili, i Dieci di Balìa opposero un netto rifiuto. Di conseguenza il Piccinino, già in trattative con il capitano visconteo Guido Torelli, non esitò a stipulare una ferma di 1200 cavalli con il Duca di Milano, subito dopo iniziando la devastazione delle campagne aretine. A Firenze l'ira per il cambio di casacca di Niccolò suscitò reazioni feroci. Il governo condannò in contumacia alla prigione a vita il fedifrago condottiere, e al contempo commissionò una pittura

---
1 Capponi, *La Battaglia di Anghiari*.
2 Sul Piccinino si veda il capitolo a lui dedicato nella parte biografica.
3 *Ibidem*, p. 38.

▲ Ducato di Filippo Maria Visconti con il duca di Milano a cavallo

infamante che lo raffigurava appeso per un piede. L'unica conseguenza di ciò fu un odio duraturo del Piccinino verso i fiorentini, che in futuro sarebbe stato sempre un ostacolo a un suo possibile riavvicinamento con il Comune. Firenze cercherà perfino di eliminare fisicamente il perugino in un paio di occasioni, ma questi tentativi videro sempre l'abile condottiero riuscire a salvarsi, con grande rammarico per i suoi nemici.

Ma i cambi repentini di fronte non furono certo una prerogativa dei militari di carriera. Era questa un'epoca in cui la lotta politica procedeva in maniera veloce e fluida, costellata da continui riposizionamenti in un giuoco teso a mantenere un delicato equilibrio di forze in politica "estera", al tempo stesso salvaguardando la propria supremazia da parte dei vari signori nella politica locale cittadina. Nella primavera del 1440 Filippo Maria Visconti, duca di Milano, mandò Niccolò Piccinino, capitano generale delle forze milanesi, in Toscana per operare un diversivo: attaccare cioè i Fiorentini e allo stesso tempo attirare Francesco Sforza, comandante delle truppe della Lega, nel centro Italia allontanandolo dalla Lombardia. Dopo alcuni mesi, non essendo riuscito nell'intento, il Piccinino fu richiamato dal duca ma, prima di partire, pensò di attaccare di sorpresa le truppe fiorentine accampate ad Anghiari. Il 29 giugno, verso mezzogiorno, partendo da Borgo Sansepolcro – come allora veniva chiamato il paese valtiberino – in una giornata caldissima, il condottiero visconteo si avvicinò ad Anghiari. Il cronista Flavio Biondo riferisce che le sue truppe erano formate da 6000 cavalieri e 3000 fanti, ma sul numero esatto i cronisti del tempo non sono concordi[4]. Niccolò Capponi suggerisce – come vedremo anche più avanti – una cifra di circa 3500/4000 cavalieri e 2000 fanti. Tra i maggiori capitani del Piccinino troviamo: Astorre e Guidantonio Manfredi signori di Faenza, il figlio Francesco Piccinino, Tartaglia della Guancia e Scarampo Visconti. Dall'altra parte, con un numero di armati molto simile, le forze della Lega erano così formate: i Fiorentini comandati da Pier Giovanpaolo Orsini con i commissari della Repubblica Neri Capponi e Bernadetto de'Medici, il contingente degli Sforzeschi guidato da Micheletto Attendolo con Niccolò da Pisa ed infine le truppe della Chiesa comandate dal patriarca d'Aquileia ma guidate da Simonetto da Castel di Piero.

I nemici del Piccinino accampati in Anghiari venivano chiamati "collegati", raggruppando appunto le forze di Firenze, Roma e Venezia. I veneziani erano infatti non solo preoccupati delle mire espansionistiche milanesi in centro Italia, ma stavano già fronteggiando i Visconti in Lombardia, oltre ad essere il doge Francesco Foscari interessato a fare entrare Ferrara con le adiacenti saline del Polesine sotto il proprio controllo. In maniera del tutto simile il pontefice Eugenio IV – veneziano anch'egli e succeduto all'antifiorentino Martino V – condivideva le preoccupazioni per il marcato attivismo milanese in centro Italia, per cui i due eserciti in qualche modo rappresentavano le forze che si trovavano in naturale opposizione in quel dato periodo nel territorio in discussione. Solo il Regno di Napoli, tra i grandi stati italiani dell'epoca, mancava all'appello in quel fatidico giorno.

---

4 http://stemmieimprese.it/2011/01/18/stemmi-e-imprese-della-battaglia-di-anghiari-dipinta-sul-fronte-di-cassone-conservato-alla-national-gallery-di-dublino-3/

L'ITALIA NEL XV SECOLO

Nell'indole delle repubbliche e dei principati (...) risiede, se non l'unica, certo la più potente causa, per cui gl'Italiani, prima di ogni altro popolo, si trasformarono in uomini moderni e meritarono di essere detti i figli primogeniti della presente Europa[5].

Riassumere la situazione italiana tra il 1400 ed il 1500 è da una parte necessario per poter inquadrare la battaglia di Anghiari, e dall'altro compito davvero arduo, per la quantità di avvenimenti, date, personaggi, il continuo mutare delle alleanze. Va detto che l'Italia è preda di continue guerre, di carestie e di pestilenze continue: come nel resto d'Europa la peste è endemica, anche senza raggiungere i picchi del XIV secolo. Tuttavia la penisola è la regione più ricca del mondo conosciuto, quella più avanzata dal punto di vista economico e culturale, e la più sviluppata. La ricchezza vi è molto più diffusa che nel resto del continente- tranne forse che nelle Fiandre o in Borgogna- e anche un contadino italiano ha un livello di vita assai maggiore di quello di un suo corrispettivo francese o tedesco[6]. L'italiano è la lingua franca del Mediterraneo, italiani (veneti, fiorentini, napoletani, milanesi) i maggiori imprenditori, mercanti e banchieri; nelle corti di Francia, d'Inghilterra, della Borgogna, ma anche in Ungheria, a Bisanzio ed in Turchia vengono chiamati artisti, umanisti e condottieri della penisola. Le potenze principali in Italia sono cinque. In comune tutte, eccettuata Venezia, hanno il fatto di non avere ancora governi ben radicati, che si tratti del regno angioino- poi aragonese- di Napoli, della repubblica di Firenze, del ducato di Milano o dello Stato Pontificio. Le nuove dinastie sono appena salite al potere. Da poco la Casa di Aragona ha strappato il regno di Napoli agli Angiò, ma deve affrontare le spinte autonomiste dei baroni e i tentativi angioini di riconquista. Milano con Filippo Maria Visconti raggiunge l'apice della potenza, che si disgregherà alla morte del duca; Francesco Sforza, celeberrimo condottiero, sarebbe divenuto duca di Milano, dopo aver soffocato l'effimero tentativo dei milanesi di creare una Repubblica ambrosiana; a Firenze, nominalmente ancora una repubblica (più o meno) egalitaria, i Medici hanno soppiantato gli Albizzi come famiglia egemone, ma incontrando forti opposizioni nelle famiglie avversarie come i Pazzi o nei nostalgici delle libertà comunali. Anche lo Stato Pontificio, appena uscito dal periodo più buio della propria storia, quello del Grande Scisma e della cattività avignonese, deve vedersela con l'opposizione delle grandi famiglie romane, Colonna, Orsini, Savelli, che non vogliono saperne di perdere i propri privilegi, con velleitari tentativi di restaurare la repubblica romana (la congiura dei Porcari), con i piccoli o meno piccoli signori, nominalmente vicari o vassalli della Chiesa, ma che non vogliono saperne di riconoscere nei fatti l'autorità dei papi, come la Perugia di Braccio da Montone, che morto il grande condottiero combattendo contro Martino V Colonna, tornerà, dopo la parentesi della signoria dei Baglioni, in mano al pontefice romano. Infine c'è la repubblica di Venezia: una delle maggiori potenze d'Europa, un impero coloniale e mercantile, garantito dalle proprie istituzioni maniacalmente - e saggiamente- attente a garantirne le peculiari caratteristiche di oligarchia borghese e mercantile, dalla propria flotta, dalla ricchezza e dai possedimenti in terraferma, in Istria, in Dalmazia, alle porte dei Balcani (da dove arrivano la pietra d'Istria per costruire i palazzi, i tronchi per costruire fondamenta e navi, e i temuti stradioti) e nelle isole dell'Egeo e dello Ionio. E il re di Napoli, il papa, il duca di Ferrara e i Malatesta sanno benissimo che l'Adriatico è il *Golfo di Venezia*, e che la Serenissima fa il bello ed il cattivo tempo sulle due sponde. Milano, ad esempio, scoprirà a proprie spese che le galeazze venete possono navigare anche sul lago di Garda, e così Venezia in pochi decenni diviene padrona di un retroterra che va da Zara a Brescia, dopo aver conquistato il Friuli, abbattute le signorie venete e strappate agli ambrosiani le pianure lombarde, ed al ducato di Ferrara il Polesine; inoltre la Serenissima avrà per breve tempo anche le saline di Cervia, Otranto e parte del Salento. Tutte queste potenze (che tali sono non solo a livello peninsulare: Philippe de Commynes ricorda che il duca di Milano da solo aveva più soldati del re di Francia) nonostante l'alternarsi di guerre dichiarate e no, di alleanze più o meno variabili, sancite da matrimoni, cercano

---

5   J. Burckhardt, *La Civiltà del Rinascimento in Italia*, cit., p. 122.
6   Ci riferiamo all'Italia centro- settentrionale, e non al regno di Napoli od alle aree depresse come le Alpi.

di mantenere tra di loro l'equilibrio, consapevoli che l'esistenza di ciascuno dipende dall'altro, fosse anche il peggior nemico: la pace di Lodi del 1454 ne è l'esempio più lampante, con l'istituzione della lega Italica in funzione antiveneziana. Le guerre non cessano assolutamente, ma sempre senza alterare l'equilibrio tra gli stati. Così, quando il papa cercherà di impadronirsi di Rimini, si troverà contro anche i vecchi nemici di Sigismondo, il conte di Urbino *in primis* insieme a veneziani e fiorentini. Infine ci sono i "piccoli". Genova non è più che una potenza secondaria, in mano ai Visconti, paradossalmente molto più forte ad oriente, a Galata, a Caffa, nel Mar Nero, almeno finché non arriverà Mehmet II il Conquistatore. Parma appartiene a Milano, che sogna uno sbocco al mare in Lunigiana. Infine ci sono gli stati fatti ricchi dalla guerra. Mantova, Ferrara, Cesena, i cui signori, Gonzaga, Estensi, Malatesti, sono allo stesso tempo principi e mercenari, e vi reinvestono i proventi delle condotte. Di Rimini e di Urbino parleremo ampiamente nel testo. Siena è una *potenza* ormai meno che regionale, come Pisa; ancora più piccole sono le signorie di Camerino (da Varano) o Forlì (Ordelaffi), o come Piombino, e ci sono signorie e repubbliche minuscole, come Mirandola o come San Marino, che accogliendo alternativamente Sigismondo e Federigo, i pontifici ed i loro avversari, è ancor oggi indipendente.

▲ Valente condottiero di compagnia di ventura, per anni Francesco Sforza combatté al servizio dei Visconti

Sull'altra sponda dell'Adriatico, Ragusa preferirà far atto di omaggio al Sultano piuttosto che sottomettersi a Venezia, e conserverà così lingua, religione ed autonomia. A nord, il Conte (poi Duca) di Savoia gravita nell'orbita della Borgogna, e l'Imperatore non costituisce più, sino a Massimiliano I, una vera preoccupazione per la Serenissima. Gli svizzeri, che hanno battuto Asburgo e Borgognoni a Morat ed a Cresson, quando provano a passare le Alpi vengono massacrati dai milanesi ad Albedo, e non compariranno in Italia che mezzo secolo più tardi, sotto le bandiere altrui. La Francia non costituisce una minaccia sino alla seconda metà del secolo: dissanguata dalla guerra dei Cent'Anni, dilaniata dai conflitti con i duchi di Borgogna, i suoi sovrani hanno altro da fare che pensare a rivendicare l'eredità angioina. Lo spartiacque della storia sarà il 1453. In quell'anno gli Ottomani conquistano Costantinopoli, abbattono anche il dominio coloniale genovese sul Mar Nero e arrivano a minacciare l'Italia per mare ma anche per terra, ad Otranto nel 1480 (forse chiamati dai veneziani) ed in Friuli nel 1499. Lo stesso anno la Francia vince la secolare lotta con l'Inghilterra, prostrata dalla guerra delle Due Rose, e se in principio i Valois dovranno vedersela con i potentissimi cugini di Borgogna, la sconfitta di Carlo il Temerario, farà sì che i sovrani francesi guardino con occhi sempre più cupidi oltralpe[7] (quando, nel 1494 Carlo VIII passerà le Alpi, malgrado riesca ad arrivare a Napoli con ridicola facilità, dovrà rapidamente ripassare le Alpi sconfitto, raro esempio di invasore ad essere battuto dai soli italiani. Ci penserà poi Lodovico il Moro a chiamare definitivamente i francesi in Italia, con esiti disastrosi per i secoli a venire).

---

7   Una tentata invasione francese nel 1448 era stata disfatta da Bartolomeo Colleoni a Bosco Marengo.

LA GUERRA NEL XV SECOLO

La guerra nel Medioevo

Nel suo celebre lavoro intitolato *Della Guerra*, Karl von Clausewitz (1780-1831) afferma che
...La guerra non è, dunque, solamente un atto politico, ma un vero strumento della politica, un seguito del procedimento politico, una sua continuazione con altri mezzi.

Se la caccia è, infatti, un conflitto tra specie animali diverse, per esigenze alimentari, la guerra è un conflitto all'interno della specie umana, per motivi di controllo del territorio, le risorse e o di potere tra od all'interno di comunità umane. A livello di dibattito politico pubblico, la guerra come fenomeno sociale nelle nostre società contemporanee – se non antimilitariste comunque pacifiste – viene liquidata come "orrore", "inutile strage"," distruzione senza senso" eccetera. Tutto ciò è comprensibile ed anche corretto alla luce della nostra recente storia del Novecento, che ha visto il succedersi di carneficine, stragi e pulizie etniche senza eguali nella storia se non per la volontà di nuocere il nemico allora senz'altro per i terribili mezzi sofisticati adoperati ed i numeri coinvolti. Riguardo alla guerra ed ai temi ad essa affiliati, abbiamo quindi un atteggiamento contraddittorio. Mentre il grande pubblico rimane affascinato dall'argomento – basti vedere la popolarità di prodotti di cultura di massa che hanno per oggetto la guerra in tutte le sue varie declinazioni, dai fumetti ai video giochi passando per film che al cinema registrano elevati volumi di incassi – il mondo accademico contemporaneo sembra a volte nutrire atteggiamenti di sufficienza, diffidenza se non di disprezzo per l'argomento, visto come una sorta di immorale e volgare voyeurismo diretto verso accadimenti violenti e questa visione non è confinata alla sola cattolica Italia, ma sembra essere riscontrata anche presso altri contesti culturali occidentali[8]. Una eccezione a quanto sopra esposto è invece costituita dalla didattica e ricerca condotta in accademie, scuole militari e centri strategici di ricerca ove lo studio di conflitti recenti e lontani è sempre stata materia di interesse, analisi ed indagine per ovvi motivi.

Tutto questo, ad ogni modo, non deve far passare in secondo piano agli occhi dello studente e dello studioso di discipline storiche, che la guerra è sempre stato quello che possiamo definire un "atto sociale complesso", ed in quanto tale meritevole di serio ed approfondito studio che veda ben oltre i logori slogan del dibattito pubblico. Per lo storico inglese John Keegan "la guerra è sempre una espressione della cultura, spesso una determinante di forme di cultura, in alcune società essa è *la cultura stessa*"[9].

Esemplificative sono a questo proposito le parole di Giuseppe Flavio, storico romano di origine giudaica del I sec. a.C.:

[...] Se poi si prende in considerazione anche il resto della loro organizzazione militare, si vedrà che essi posseggono questo sì grande impero come premio del valore, non come dono della fortuna. Infatti non è la guerra quella che li inizia alle armi, né soltanto nell'ora del bisogno essi muovono le mani tenute prima inoperose durante la pace, ma invece, come se fossero nati con le armi in pugno, essi non interrompono mai l'addestramento, né stanno ad aspettare le occasioni. Le loro manovre si svolgono con un impegno per nulla inferiore a quello di un vero e proprio combattimento, che anzi ogni giorno tutti i soldati si esercitano con tutto l'ardore come se fossero in guerra. Perciò essi affrontano le battaglie con la massima calma; nessun scompiglio li fa uscire dall'abituale formazione, nessuna paura li vince, nessuna fatica li abbatte, e ne consegue sempre una sicura vittoria contro gli avversari, che non sono alla loro altezza. Non si sbaglierebbe chi chiamasse le loro manovre battaglie incruente e le loro battaglie esercitazioni cruente. Non è possibile ai nemici di coglierli di sorpresa;

---

8   Keefe McNutt, *Finding Forgotten Fields*.
9   Keegan, *A History of Warfare*.

quando entrano in territorio nemico non vengono a battaglia prima di aver costruito un accampamento fortificato. E l'accampamento non lo costruiscono come capita, né su terreno disuguale, né tutti vi lavorano, né senza un ordine prestabilito, ma se il terreno è disuguale viene livellato; l'accampamento viene poi impiantato in forma di quadrato[10].

In questo testo l'autore descrisse la rivolta giudaica in sette libri, prima in aramaico e poi in greco, mettendo a frutto la sua conoscenza diretta dei fatti. E' questo per noi un documento particolarmente prezioso. Difatti da una parte in esso sembrano riecheggiare e venire confermate le parole di Keegan sopra riportate ("*in some societies [war is] the culture itself*", nell'originale inglese); dall'altra esse sembrano preannunciare come lo scontro armato plasmi il territorio fino a creare un paesaggio (i riferimenti al livellamento del terreno ed alla edificazione dell'accampamento), paesaggio che diventerà – nell'ottica di quanto qui interessa – il luogo di indagine dei metodi dell'archeologia militare. Quindi da queste brevi ma suggestive frasi di Flavio Giuseppe, l'archeologo militare trova già enunciati quali sono i suoi campi di indagine di elezione: da una parte la guerra stessa, vista e trattata come oggetto culturale, in quanto attività totalizzante per l'individuo romano in armi, come efficacemente illustrato dallo storico. Dall'altra parte è chiaro il riferimento al territorio naturale come materia grezza "plasmata" ed adattata dall'opera dei romani al fine di avere una supremazia tattica se non strategica di ordine militare. Esso viene livellato, occupato da poderosi accampamenti, sino a trasformarlo in un paesaggio, idoneo quindi ad essere studiato e analizzato con gli strumenti propri offerti dall'archeologia del paesaggio.

Anche nel Medioevo, come in altre epoche, fare la guerra era una operazione complessa, che metteva a dura prova tutte le risorse di una intera comunità, in maniera quindi meno organizzata rispetto all'Antichità ma non per questo meno pervasiva. Fare la guerra significava mettere assieme i comandanti ed i capi migliori disponibili, coerentemente con l'idea allora spesso dominante almeno in Italia che a decidere non fosse una personalità sola ma una pluralità di attori. Come caso emblematico di questi processi decisionali può ad esempio essere di aiuto quello dei capi guelfi che si radunano nel Battistero di San Giovanni a Firenze per decidere collegialmente quale fosse la via migliore da intraprendere per aggredire gli aretini alla vigilia di quella che passerà alla storia come la battaglia di Campaldino (11 giugno 1289)[11].

Nella città di Arezzo è visibile un bellissimo manufatto policromo, restaurato non troppi anni fa – il ciclo dei mesi della chiesa di Sancta Maria in *Gradibus*, o "Pieve" come familiarmente viene da tutti gli aretini chiamata – a ricordarci di come la guerra, rappresentata al mese di maggio da un cavaliere montato sul suo destriero, fosse evidentemente all'epoca considerata una attività ricorrente, ciclica e stagionale della società dell'epoca, al pari della vendemmia, della semina o della uccisione del maiale. Creare un esercito era uno sforzo collettivo che richiedeva il gravoso impegno di generazioni per portare risultati apprezzabili. La società medievale era una società che conosceva sì i commerci ed i traffici, ma che era profondamente agricola, e dati i livelli tecnologici dell'epoca, produceva poco "surplus" per usare un termine economico moderno. Al tempo stesso gli armaioli, i fabbri e gli artigiani medievali sono in grado di produrre armi e manufatti che caratterizzano fortemente il modo di fare la guerra nella loro epoca. La cotta di maglia metallica è certamente un tale manufatto: se realizzata con cura e abilità, sia nella scelta dei materiali che nella esecuzione, essa garantisce a chi la indossa una buona capacità di resistenza ai colpi inferti di taglio. I fabbri medievali erano in grado di produrre tale articolo, il quale, unitamente alla staffa, rendeva il cavaliere un combattente certamente più formidabile ed efficace rispetto ai suoi colleghi dell'antichità. Anna Comnena ebbe a scrivere nell'*Alessiade*, una biografia del padre scritta in greco nel 1148: "un cavaliere franco è invincibile, ed è capace di sfondare tutto sino alle mura di Babilonia"[12], ove per "franco" si intende qualsiasi cavaliere europeo occidentale.

---

10   Giuseppe Flavio, *La Guerra Giudaica*, Libro III, 72-77.
11   Nencini, *La Battaglia*, pg 110.
12   Meschini, *Battaglie medievali*, p. 7.

▲ Filippo Maria Visconti è stato l'ultimo Duca di Milano della dinastia viscontea. 1392-1447

Vi è quindi nella società medievale un grosso sforzo economico ed organizzativo, una forte spinta collettiva, finalizzati a produrre simili combattenti. Tale sforzo contemplava non solo la produzione di armamenti ed accessori, ma anche l'allevamento e l'addestramento di cavalli adatti a supportare le fatiche e ad ubbidire ai comandi della guerra. Si calcola che un cavallo da guerra addestrato valesse circa l'equivalente di 15 cavalli normali. Un cavaliere addestrato alla guerra, equipaggiato di tutto punto, rappresentava quindi per la società dell'epoca un enorme investimento. E' stato calcolato che serviva il lavoro di 50 famiglie contadine per armare e mantenere un singolo cavaliere[13]. Non è quindi un caso se tra gli obblighi del feudatario vi fosse quello di schierare un numero n di cavalieri al servizio del re o del signore in caso di guerra. Il valore intrinseco dei cavalieri viene confermato dal fatto che le battaglie medievali contemplano generalmente numeri limitati – e spesso ben definiti e riportati dalle fonti dell'epoca – di cavalieri, oltre a imprecisate moltitudini di fanti, ritenuti evidentemente meno preziosi, quasi fossero questi ultimi risorse facilmente reperibili ed altrettanto liberamente "spendibili". Questa sorta di "doppia contabilità" dei numeri di armati sarà ben presente ancora ai tempi della battaglia di Anghiari – come si riporterà in seguito – laddove a fronte di cronisti contemporanei che citano il numero di cavalieri con una certa cura, il numero di generici fanti appiedati, specialmente nel caso di raccogliticce milizie locali, rimane decisamente più vago. In maniera simile i liberi comuni introdussero leggi che in qualche modo obbligavano i cittadini più abbienti, seppur non nobili, ad acquistare e mantenere cavalli ed equipaggiamenti da guerra, oppure ad ingaggiare un cavaliere mercenario pronto a combattere al loro posto qualora necessario. Tra gli obblighi del cittadino medievale, quindi, a prescindere dal ceto, vi era quello di fare la guerra, evento che all'epoca era alquanto frequente se non endemico. Col passare del tempo per tutta una serie di motivi in Italia la presenza di milizie cittadine lascerà il campo, nel vero senso del termine, a professionisti delle armi, ossia ai condottieri ed ai mercenari ai loro comandi. Infatti il modo di fare la guerra è fittamente interconnesso non solo alla cultura ed alla scala valoriale dell'Uomo del medioevo, ma ha dirette ripercussioni anche a livello demografico ed economico per ovvi motivi, interessando essa sì le popolazioni civili, ma soprattutto ed in primis gli elementi giovani maschili, ossia i segmenti più attivi della popolazione dell'epoca. Questo porterà nel caso italiano al crescere e diffondersi come vedremo in seguito di compagnie di mercenari che offrivano i propri servigi ai signori ed alle repubbliche dell'epoca, mercenari che saranno i protagonisti della giornata di Anghiari, trattata in maniera più specifica nella seconda parte di questo elaborato.
E' di questi giorni un pezzo "di colore" del Corriere della Sera dove un non meglio identificato "autore inglese" così si esprime nel riportare le caratteristiche dell'arte della guerra nella Italia quattrocentesca: Leggendo anni fa un saggio sui soldati di professione, detti altrimenti mercenari, fummo colpiti dal capitolo dedicato alle compagnie di ventura italiane, dove si raccontavano cose senza dubbio notissime agli appassionati di storia militare, ma che a noi parvero stupefacenti, mirabolanti. L'autore (un inglese) spiegava che nel Quattrocento gl'italiani erano diventati i maestri indiscussi nell'arte della guerra; per chiunque in Europa praticasse il mestiere delle armi era indispensabile aver militato sotto le bandiere di un Condottiero di rango. Come esempio supremo della perfezione raggiunta dai Condottieri nella loro specialità, lo studioso citava il caso di due di essi che si affrontarono tra i colli dell'Italia centrale e per due giorni misero in atto tutto il loro repertorio di astuzie e tranelli per spiazzarsi e sorprendersi a vicenda. Marce e contromarce, finte e controfinte, mosse subito intuite e parate da altre mosse ancora più raffinate e fantasiose. Finalmente uno dei due riuscì a chiudere l'altro in una posizione impossibile, perdente. Ma invece di attaccare l'avversario ormai nettissimamente svantaggiato, il primo mandò al secondo un'ambasciata: «Tu sei esperto quanto me, abile quanto me, ragionevole quanto me e a questo punto avrai capito benissimo che per il tuo esercito non c'è scampo, sarò sicuramente io a vincere. E allora, che senso ha combattere? Dichiarati sconfitto a priori, e eviteremo un inutile massacro"[14].

---

13   Barbero, *Creatività Distruttrice 1 –Campaldino 1289* www.festivaldellamente.it
14   http://www.corriere.it/cronache/18_gennaio_29/se-condottieri-rinnegano-0079a412-03b0-11e8-93bbec4bb3ac447d.shtml

▲ Armigeri e cavalieri della Lega, con insegne del Tolentino. (disegni di Nadir Durand)

L'assenza di qualsiasi riferimento fattuale non solo all'autore ma anche all'episodio stesso, rende difficile poter esprimersi su quanto sopra riportato. Ma la di là di qualche ipotetico marginale episodio, la realtà della guerra in Italia era piuttosto diversa dall'elegante – ed incruento – esercizio di "arte militare" sopra riportato. E'ragionevole pensare che dietro a questi *cliché* vi sia il perdurante effetto delle parole del Machiavelli di cui tratteremo più a fondo altrove in questo lavoro.

Il dato storico riporta infatti comunque un'altra realtà. Dietro al mondo dei capitani di ventura ed al loro modo di fare la guerra, vi erano precisi motivi storici, politici ed economici ben più profondi rispetto ai luoghi comuni di certa storiografia. La situazione frammentaria politica dell'Italia dell'epoca rendeva impossibile o comunque non desiderabile avere grandi eserciti composti da cittadini armati. Difatti, da una parte non era nell'interesse dei vari signori avere ampi strati della popolazione avvezzi all'uso delle armi, considerato il clima di guerra civile endemica e permanente che si respirava. Dall'altra, città come Firenze a vocazione borghese e commerciale piuttosto che guerriera ed aristocratica, trovavano naturale impiegare al proprio servizio soldati di professione piuttosto che far intraprendere in prima persona il mestiere delle armi ai propri cittadini; era più consono alla propria cultura ed alla propria visione delle cose acquistare ciò che serviva loro piuttosto che adottare un *habitus* mentale – quello appunto del soldato professionista – che non era consono alla classe dirigente fiorentina nel suo insieme.

Ma ciò non significa che la guerra nell'Italia medievale fosse una sorta di elegante ed incruenta parata, come suggerito nel pezzo di colore del Corriere: tutt'altro. Benché si fosse ben lontani dai grandi numeri delle battaglie del passato -nella già citata battaglia del Trasimeno i romani persero 15mila uomini, mentre per quella di Canne si parla addirittura di qualcosa come 50mila caduti- le battaglie del medioevo italiano potevano essere sanguinose.

Secondo fonti fiorentine nella battaglia di Montaperti (1260) i fiorentini ebbero 2500 caduti, senza contare i feriti ed i prigionieri[15]. Va a questo punto ricordato come in un mondo privo di una medicina intesa in maniera moderna, la sorte del ferito era spesso comunque segnata sebbene posticipata solo di qualche giorno –se non di qualche ora- per via delle infezioni e complicazioni che regolarmente seguivano alle ferite più gravi o complesse.

Considerando che all'epoca la città contava circa 75mila abitanti, la morte del 10% della popolazione maschile attiva costituiva un colpo devastante anche sotto il profilo economico e sociale. Considerazioni analoghe valgono per il caso degli aretini a Campaldino (1289) ove i 1700 uccisi portarono a drastici ed improvvisi mutamenti alla città di appartenenza. Infine, il caso di Pisa è significativo: dopo i morti registrati in seguito alla sconfitta della Meloria (1282) la città non si riprese più, e gli 11mila prigionieri portati in catene a Genova sono alla base del celebre detto "chi vuol vedere Pisa vada a Genova"[16].

Anche al cospetto di perdite inferiori, la "distrazione" da parte di percentuali significative della popolazione maschile attiva dalle attività usuali agricole e commerciali costituiva comunque un costo enorme per la collettività di città che avevano i commerci, l'agricoltura e la finanza alla base del loro benessere. Quindi in una ottica che oggi con terminologia economica e sociologica contemporanea non esiteremmo a definire di "specializzazione del lavoro", mentre i cittadini italiani medi si disamoravano del servizio militare e dell'uso delle armi e mentre i vari stati della Penisola si consolidavano in repubbliche o signorie, emergeva quindi la necessità di trovare altrove personale professionale disposto a combattere dietro naturalmente un compenso monetario. Anche perché una forza armata efficiente presupponeva anni di addestramento ed una familiarità continua all'esercizio delle armi ed alla mobilitazione. Infine, sia lecito affermare che la guerra nell'Italia del Quattrocento fosse meno cruenta che altrove in Europa, non mancarono tuttavia i casi di efferate operazioni, come i massacri di Assisi (1442), Volterra (1472) e Casole d'Elsa (1479) stanno a dimostrare.

---

15   Romeo di Colloredo, P., Venturi, M., *Montaperti 1260*, Soldiershop, Bergamo 2019.
16   Capponi, *La battaglia di Anghiari*, p. 43.

L'ORGANIZZAZIONE MILITARE NELL'ITALIA DEL RINASCIMENTO: LA GUERRA COME OPERA D'ARTE

Lo stato fondato in sulle arme mercenarie non sarà mai fermo né sicuro: perché le sono disunite ambiziose, sanza disciplina, infedele: gagliarde tra gli amici, tra e'nemici vile: non timore di Dio, non fede con gli uomini: e tanto si differisce la ruina quanto si differisce lo assalto: e nella pace se' spogliato da loro, nella guerra da' nimici. La cagione di questo è che le non hanno altro amore né altra cagiona che le tenga in campo che uno poco de stipendio, il quale non è sufficiente a fare che voglino morire per te. Vogliono bene essere tua soldati mentre che tu non fai guerra, ma come che la guerra viene, o fuggirsi o andarsene[17].

Per secoli la durissima invettiva di Machiavelli che abbiamo appena riportata ha condizionato il parere degli storici sul fenomeno, diffuso in tutta l'Europa tardo medievale, ma che in Italia raggiunse il suo apice, del mercenariato e delle compagnie di ventura. Dalla metà del XX secolo nuove ricerche hanno portato a riconsiderare in maniera più positiva l'argomento, anche se ciò non è stato ancora recepito dal pubblico non specialistico, tanto che un recente studio in inglese sull'argomento portava per sottotitolo *Famigerati mercenari del Medioevo*, salvo spiegare nel testo che le cose non stavano proprio così come sembrava indicare il termine *infamous* nel sottotitolo:

E' troppo facile, tuttavia, semplificare e classificare i condottieri come semplici mercenari. Molte fonti, sia contemporanee che moderne continuano a fare così, ed è interessante notare quante non utilizzino neppure il termine condottiere preferendogli mercenario. Il sistema dei condottieri fu unico in termini di tempi e di luoghi, e costituì probabilmente l'espressione più sofisticata di ideale mercenario. In Italia, tra il 1300 ed il 1500, si creò una casta militare di professionisti perfettamente adatta a quelle che erano le istanze prevalenti allora nella penisola. Gli uomini che la componevano erano professionisti a tempo pieno, e totalmente apolitici nelle proprie vedute. Svilupparono un sistema di complessi contratti, in modo da trarre i maggiori guadagni da ciascun impiego[18]

Scrivere una storia dettagliata delle Compagnie di Ventura del XV secolo e della loro evoluzione esula dallo scopo del presente lavoro. Basterà dunque sottolineare quei punti che hanno maggiore importanza nella vita di Sigismondo Pandolfo dei Malatesti (questa era la forma usata all'epoca) e di Federigo II da Montefeltro.

Le *Masnade* comparvero in Italia all'inizio del XIV secolo. Il termine, derivato dal latino *Mansionata* e dal provenzale *Maisnada*, indicava mercenari che provenienti da ambienti rurali o da fasce di emarginazione, da eserciti sciolti per paci o tregue- i *routiers* della guerra dei Cent'Anni-, già alla fine dell'XI secolo, privi di coscienza professionale, insegne e referenti erano stati condannati dal Concilio Laterano I del 1179 e da una Bolla di Urbano V. Si trattava di uomini attratti da spirito d'avventura e di guadagno e sprezzanti degli ideali cavallereschi di gloria, onore e regole della guerra, così descritti da un anonimo cronista:

Gente son sanza freno e mai non pensan se non di usurpare.

Nella penisola fecero la loro prima apparizione con Giovanni di Boemia nel 1333; in seguito, arricchite le loro fila con fuoriusciti ed esuli, soprattutto inglesi e bretoni rimasti senza "lavoro" dopo la pace di Brètigny del 1360, che, al fare i *routiers* (banditi da strada, formati da disertori e soldati senza ingaggio) in Francia, a rischio di essere presi ed impiccati come briganti, preferirono passare le Alpi per offrire i propri servigi a coloro che ne necessitassero e fossero pronti a pagare, e si posero sotto la guida di celebri quanto famigerati *Capitani di Ventura* che li organizzarono e disciplinarono, pur senza ridurne la ferocia, ma anzi utilizzandola come arma sia tattica che psicologica, va detto più verso le popolazioni civili più che verso le milizie cittadine, all'epoca ancora combattive[19] (i militi bolognesi, più motivati e disciplinati, misero in rotta Werner von Urslingen, il cui motto era *Nimico di Dio, di pietà e di miseri-*

---

17 N. Machiavelli, *Il Principe*, cap. XII, *Quot sint genera militiae et de mercenariis militibus*.
18 David Murphy. *Condottiere 1300- 1500. Infamous medieval mercenaries*, Oxford 2007, p.6
19 David Nicolle, *Italian Militiaman*, 1260- 1392, Oxford 1999.

cordia, costringendolo a lasciare il territorio felsineo). Infine va aggiunto che la ferocia dei mercenari stranieri sottolineata dalle cronache trecentesche non era certo maggiore di quella di un condottiero come Facino Cane, per fare solo un esempio, ma che rientrava in un *topos* letterario che presentava gli stranieri come barbari, avidi e crudeli (dai *tedeschi lurchi* di Dante sino alla *furia francese*).

Probabilmente la più antica Compagnia d'Arme organizzata, operante in Italia, fu quella nota come *Grande Compagnia*, formata da *Almogavari* catalani agli ordini dell'ex templare Ruggero de Flor intorno al 1303[20]. Seguirono, solo per ricordare le più importanti, la *Compagnia tedesca* al comando di Marco Visconti (1329); la *Grande Compagnia*, costituita pure in gran parte da tedeschi, agli ordini di Werner von Urslingen dal 1342 al 1351, e poi, con afflusso di Ungheresi e di Provenzali, ricostituita nel 1352 da fra' Moriale (Francesco di Montréal, ex cavaliere ospitaliere) che la comandò fino al 1364; la *Compagnia della Stella*, per lo più formata da inglesi e alemanni, sotto lo Sters e Anichino di Baumgarten; la *Compagnia Bianca*, così detta dal tipo di armatura a piastre, allora inusuale in Italia, indossata, formata da reduci della guerra dei Cent'anni bretoni ed inglesi, sotto il celeberrimo, e famigerato, John Hawkwood (chiamato dai fiorentini Giovanni Acuto, 1320-1394[21]) che come comandante fiorentino ebbe un ruolo preponderante nelle lotte tra la città toscana e l'eterna rivale Pisa.

Non si può dimenticare, però, che non mancarono certo comandanti italiani, quali Uguccione della Faggiola (il *veltro* di Dante), Cangrande della Scala, Marco Visconti, e, soprattutto, Castruccio Castracani, che riuscì a diventare signore di Lucca, e di cui Machiavelli stesso lasciò una "biografia" apologetica ricca di aneddoti copiati da Plutarco.

Alle gesta di Giovanni Acuto, Ettore da Panigo, Hannekken von Boumgarten, Konrad von Landau (il "Conte Lando"), frà Moriale e Werner von Urslingen, Malatesta *Guastafamiglia*, si aggiunsero, a cavallo del tardo XIV secolo e gli inizi del XV, quelle di ambiziosi membri di nobili famiglie, figli cadetti, o titolari di feudi o piccole signorie di scarsi mezzi economici, che nella guerra cercavano ricchezza e spazio politico: Facino Cane, Guidoriccio da Fogliano, immortalato nell'affresco di Simone Martini nel Palazzo Pubblico di Siena dopo l'assedio di Montevarchi, molti Visconti, Braccio Fortebraccio da Montone, Niccolò Piccinino, gli Attendolo Sforza, Il conte di Carmagnola, Bartolomeo Colleoni, Erasmo da Narni detto *il Gattamelata*, e, ciò che qui interessa, i Malatesti ed i Montefeltro.

Fu Alberigo da Barbiano ad inquadrare per la prima volta le proprie *Masnade* in una disciplinata *Compagnia di Ventura* detta *Compagnia di san Giorgio*, sulle cui bandiere venne aggiunto il significativo motto *Italia liberata dai Barbari*.

Il già citato Werner von Urslingen a sua volta creò la *Grande Compagnia* passata alla sua morte a frà Moriale; Albert Stertz, fondò la *Compagnia Bianca*; da Astorre Manfredi, che realizzò la *Compagnia della Stella*; da Niccolò da Montefeltro, che organizzò la *Compagnia del Cappelletto*; da Giovanni da Buscareto e Bartolomeo Gonzaga, che iniziarono la *Compagnia della Rosa*; da Ambrogio Visconti, che promosse una seconda *Compagnia di san Giorgio* esclusivamente italiana e benedetta dal Papa.

Tra le Compagnie fiorite nei primi due terzi del XIV secolo, con partecipazione di italiani, vanno ricordate quelle di Raimondo di Cadorna, del conte Oliviero Boccabianca detto Ferraccio (fra il 1349 ed il 1360) e quella di Lodrisio Visconti. Tuttavia, quella che è a buon diritto considerata la prima compagnia costituita quasi interamente da Italiani, nata per opporsi agli eccessi di quelle straniere (stigmatizzate, fra l'altro dallo stesso papa Urbano V), fu la *Societas Italicorum Sancti Georgi*, meglio nota come *Compagnia di San Giorgio*, creata dal conte Alberico da Barbiano poco dopo l'eccidio di Cesena ad opera dell'Acuto, e ben documentata a partire dal 1371, quando Bernabò Visconti la prese al proprio servizio nella guerra contro gli Scaligeri, alleati con i Carraresi contro di lui.

---

20   Su Ruggero da Flor, C. Rendina, *I Capitani di Ventura*, Roma 1985, pp. 29 segg. Ruggero si mise in proprio impadronendosi del Falcone, l'ammiraglia della flotta templare da lui comandata, e ponendosi al servizio dei bizantini e dei franchi di Acaia.

21   Su Giovanni Acuto si veda: Duccio Balestracci, *Le armi, i cavalli, l'oro. Giovanni Acuto e i condottieri nell'Italia del Trecento*, Roma-Bari 2003.

Dalla scuola d'arme di Alberico da Barbiano uscirono tutti i maggiori capitani del XV secolo: Iacopo dal Verme, Facino Cane, Francesco Bussone detto il Carmagnola, Muzio Attendolo Sforza ed il figlio Francesco, Braccio Fortebraccio da Montone, solo per citarne alcuni.

I semplici mercenari erano oramai divenuti professionisti della guerra, e proprio da due dei summenzionati condottieri nacquero le due scuole tattiche del rinascimento italiano.

Le nozioni tattiche dell'Italia del XV secolo erano dominate da due grandi scuole, che prendevano nome da due grandi condottieri: quella dei *Bracceschi*, che prendeva nome da Braccio Fortebraccio da Montone (1368- 1424), e *Sforzeschi*, che traevano il nome dal condottiero romagnolo Muzio Attendolo detto Sforza (1369-1424).

I *Bracceschi* ponevano l'accento sull'uso dei piccoli distaccamenti, incoraggiando lo spirito d'iniziativa dei subalterni, gli *Sforzeschi* al contrario utilizzavano l'attacco a massa, lanciato frontalmente al momento più opportuno.

.Il *Capitano di Ventura* arruolava gli uomini e provvedeva ad armarli ed ad addestrarli e fissava con la committenza i termini delle prestazioni, le norme d'ingaggio, il numero dei soldati e la durata dell'impegno in un preciso contratto detto *condotta*, donde assumeva la definizione di *Condottiero* (condottiere, come si diceva all'epoca).

La fase preliminare, che in seguito conduceva alla stipula vera e propria, consisteva nella cosiddetta "mostra", quando veniva passata in rivista la compagnia in armi, ed ispezionata dai funzionari della città o del signore con cui si sarebbe dovuto firmare il contratto, i quali
procedevano ad una minuziosa operazione di stima, provvedendo a scartare quelli non ritenuti
idonei. Se tale fase andava a buon fine, veniva versata al capitano una somma di danaro a titolo di acconto e si dava avvio alla trattativa.

Sebbene sia facile liquidare i condottieri come semplici mercenari, la natura complessa dei loro contratti (o meglio, condotte) creava un sistema unico in cui il rapporto tra lo stipulante ed il condottiero era piuttosto complesso.

Ciascun condottiero firmava la propria condotta alla presenza di un notaio e dei funzionari pubblici. La signoria, lo stato od il Comune che l'avrebbe assoldato era rappresentato da un Segretario; al condottiere veniva affiancato un *Collaterale*, un commissario civile nominato dallo stato per sovrintendere all'arruolamento ed all'addestramento dei militi, ed all'amministrazione della compagnia. Il *Collaterale* provvedeva a tenere informato il governo committente delle mosse e del comportamento del condottiero.

La responsabilità della stesura della condotta era del notaio, includendo articoli che coprissero ogni minimo aspetto, per evitare future contestazioni, e termini e durata dell'incarico. In alcune occasioni la condotta includeva articoli relativi alle pensioni per chi fosse stato gravemente ferito e non più in grado di procurarsi da vivere.

Una volta che la condotta fosse stata firmata, il condottiero avrebbe avuto l'obbligo di occuparsi dell'addestramento adeguato e della prontezza operativa della propria compagnia.

Le paghe erano in fiorini leggeri, in oro od in argento, e i proventi dei saccheggi e dei riscatti sarebbero andati parte al comandante e parte agli uomini.

Il patto era *a soldo disteso*, se l'incarico imponeva la militanza di un determinato numero di Fanti e di Cavalieri agli ordini del *Capitano generale* di una città o di una Signoria; *a mezzo soldo* se il *Capitano di Ventura* combatteva in posizione sussidiaria rispetto al *Capitano Generale*, in tal caso non percependo paga piena ed esponendosi a minore rischio.

. Ovviamente, la condotta *a soldo disteso* era riservata ai condottieri più abili e famosi, che disponevano di proprie compagnie forti ed efficienti.

La durata del contratto era denominata *ferma*, di solito seguita da un periodo d'aspettativa – perlopiù pari a sei mesi – durante il quale il condottiero rimaneva vincolato alla controparte, che aveva il diritto di prelazione per un altro ingaggio (il c.d. *aspetto*).

Finita la condotta, il condottiero avrebbe potuto passare al soldo di chiunque, pur vigendo la clausola che passando ad un nemico non poteva combattere contro lo Stato con cui aveva appena militato per due anni, clausola che venne spesso disattesa, soprattutto da Sigismondo Pandolfo dei Malatesti, che si guadagnò la fama di infingardo ed inattendibile.

Per quanto riguarda la guerra sul mare, esisteva un particolare tipo di condotta, il *contratto d'assento*, che prevedeva l'ingaggio di forze navali, e *assentisti* furono chiamati i capitani che lo sottoscrivevano. Genova cominciò ad impiegarli soprattutto come corsari già dagli inizi del XV secolo, Ragusa e lo Stato della Chiesa, e anche dal Regno aragonese di Napoli, mentre Venezia non volle mai ricorrere a questo tipo di condotta, sapendo benissimo che solo controllando direttamente la flotta avrebbe potuto garantire la propria sicurezza; molto utilizzati invece dai Turchi, che si servirono soprattutto dei dey dell'Africa Settentrionale, ma anche di assentisti *genovesi*.

Esistevano vari tipi di condotte navali: talvolta il capitano era anche proprietario delle navi mentre in altre occasioni si limitava ad equipaggiarle ed esse rimanevano oggetto di disposizione delle città-stato. Il compenso veniva stabilito a forfait – diversamente da quello previsto per le condotte di terra, il quale era corrisposto in ragione del tempo, degli uomini e dei mezzi impiegati – con assunzione a proprio carico di danni e perdite; il guadagno personale del capitano era la terza parte di tutto il bottino, frutto d'arrembaggi e di saccheggi. Si trattava di vere e proprie lettere di corsa.

I contratti dunque erano frutto di una civiltà giuridica che sin dal Medio evo aveva dato i maggiori giureconsulti e notai d'Europa, nelle università di Bologna, Padova, Roma, Napoli, e stesi con tutte le cautele e cavilli giuridici, che pure non garantivano la puntuale riscossione della paga, con ciò provocando spesso annose cause tra condottieri e Stati, ciò che ha portato numerosi autori a sottolineare le qualità imprenditoriali dei condottieri (R. de la Sizeranne per primo coniò il termine di *imprenditore militare* riferendosi a Federigo da Montefeltro). C'è stato anche chi ha anacronisticamente parlato di manager nel senso moderno del termine.

Franco Cardini giustamente scrisse che *in realtà, i condottieri hanno parecchi volti, mutano espressione e atteggiamento a seconda di come li guardiamo. Se sul lato meramente professionale essi appaiono uomini d'affari attenti, sagaci, avidi, forti d'una spiccata professionalità anche se non sempre di onestà adamantina; tuttavia essi conservano gelosamente i loro brandelli di etica cavalleresca e rivelano sovente un culto del tutto antieconomico per la gloria.* Uomini impregnati di un'etica cavalleresca ancora medievale, essi sono però figli dell'umanesimo, assetati di cultura classica, amanti delle arti, spesso viste come un altro campo di sfida con i propri avversari.

Sigismondo Pandolfo dei Malatesti si rovinò e dovette lasciare incompiuto il Tempio malatestiano di Rimini, mentre Federigo dedicò i propri ingenti guadagni alla costruzione del Palazzo ducale urbinate e degli studioli di Urbino e di Gubbio. Un amore della cultura che spinge Sigismondo a riesumare in Grecia le ceneri del filosofo Gemisto Pletone ed a portarle a Rimini, e Federigo ad inviare in tutta Europa amanuensi e copisti per riprodurre testi per la sua amata *libraria*.

Qualche parola sulle suddivisioni tattiche delle Condotte.

Furono i mercenari stranieri, tedeschi ed inglesi ad introdurre la *lancia* intorno al 1360[22]: la sua composizione per il XV secolo variava a seconda dei luoghi e dei tempi, ma che doveva essere molto simile a quella enunciata nel testo della condotta stipulata nel 1432 tra Firenze e Micheletto *Attendolo* Sforza. La lancia era formata da un *caporale* o *capolancia*, ossia il cavaliere, lo scudiero o *piatta* a cavallo con armamento leggero ed un paggio con funzioni di servitore, per un totale di tre cavalcature. Cinque *lance* formavano una *posta*, e cinque *poste* una *bandiera*[23]. Nel 1464 negli stati papali era in uso una lancia composta da cinque o sei uomini detta *corazza*, la cui composizione non è chiara, forse, come propone Mallet, due cavalieri, due uomini d'arme e due valletti o paggi; secondo Heath, c'era un solo paggio o valletto.

---

[22] Ian Heath, *Armies of the Middle Ages*, vol.1, 1300- 1500, London 1982, p. 35. Nel 1361 Giovanni Acuto organizzò una compagnia di duecento lance: C. Rendina, *I Capitani di Ventura*, cit., p.16.

[23] Ibid.

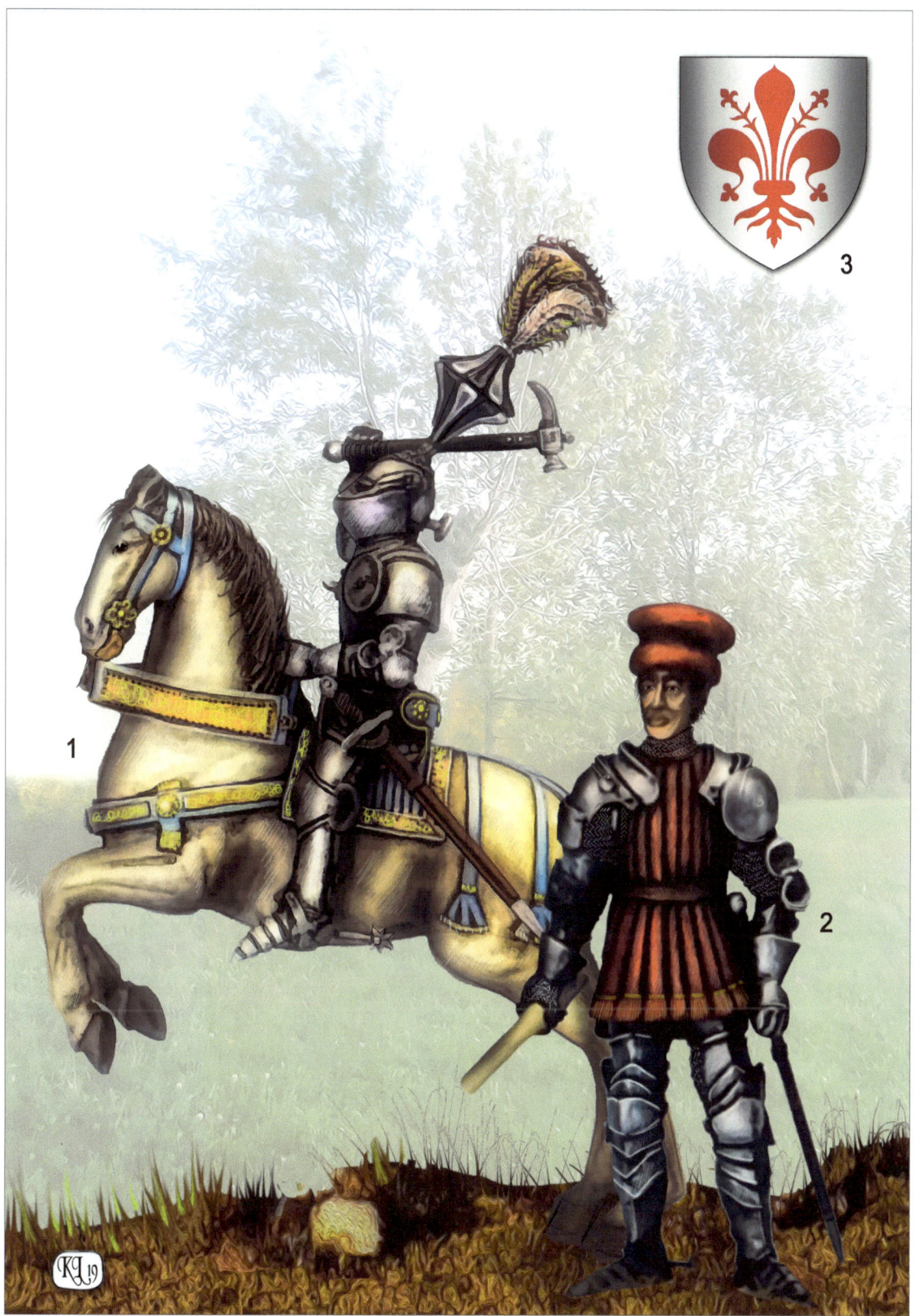

▲ Cavaliere e condottiero al servizio di Firenze (Dalla battaglia di san Romano di Paolo Uccello)

Con il tempo l'organico della lancia aumentò ulteriormente fino a contare fino a 7 cavalli, con uomini armati alla leggera, simili ai *coustilliers* borgognoni[24].

Ciò è dovuto all'influsso degli ordinamenti stranieri, molto più forti numericamente rispetto ala lancia italiana. La *lancia francese*, infatti, comprendeva cinque uomini, due in più rispetto alla *lancia italiana*. Al di fuori del vincolo stabilito con la condotta, figurava, altresì, anche una sempre più folta schiera di *lance spezzate*, ossia cavalieri non appartenenti ad una *lancia*: essi, spesso dei disertori o dei mercenari cui era scaduta la ferma, e, più spesso, *venturieri* il cui capitano era rimasto ucciso, non facevano parte di nessuna compagnia di ventura, ma si ponevano al servizio dei vari Stati che di volta in volta si trovavano nella necessità di arruolare cavalleria pesante, simile ai *gendarmes* francesi e borgognoni[25]. Le prime *lance spezzate*, agli inizi del Quattrocento, sono quelle di Pandolfo dei Malatesti, signore di Brescia. La crescente importanza di cui si è detto deriva dal fatto che l'utilizzo di *lance spezzate* permetteva agli Stati di impiegare veterani, conservando compagnie il cui comandante era morto o era stato sconfitto: Mallet ricorda che negli anni sessanta del 1400 gran parte delle lance spezzate al servizio pontificio erano reduci delle condotte degli Anguillara[26] disfatte da Federigo da Montefeltro e da Napoleone Orsini. A partire dalla metà del XV secolo in poi, assunsero una crescente importanza i cosiddetti *provvisionati*, sia di fanteria che, in misura minore, di cavalleria, così chiamati in quanto ricevevano una *provvigione*, ossia uno stipendio fisso pagato dalle autorità cittadine, e che costituirono i primi stabili nuclei di militari; si trattava di formazioni meno rigidamente organizzate gerarchicamente, alla cui testa si trovava un ufficiale superiore, definito generalmente connestabile. I fanti sono raggruppabili in tre tipologie: picchieri, tiratori (balestrieri e schioppettieri, mentre gli arcieri erano di scarsa importanza), palvesari, dotati di *palvese*, un ampio scudo di legno con il quale proteggevano i balestrieri. I palvesari scomparvero però a metà del XV secolo. Come la lancia *italiana* era formata da un cavaliere e due o più seguaci, i balestrieri erano parte della *balestra*, formata dal balestriere, dal palvesario e da almeno un servitore armato. In seguito però una *balestra* divenne una formazione di vari balestrieri. Un *elmo* a Venezia e nei territori della Serenissima corrispondeva ad una compagnia: così nel XV, secolo, ad esempio, i conti di Colloredo erano tenuti a fornire in caso di guerra alla Repubblica otto *elmi* (o *barbute*) e due *balestre*, uno dei contributi più alti tra i castellani del Friuli.

Col passare del tempo crebbe l'importanza delle armi da fuoco. Probabilmente il primo *schioppetto* (*scopletus*) comparve nel XIII secolo; gli *schioppettieri* divennero sempre più importanti, dapprima tra i *provvisionati*, poi, sull'esempio del Colleoni, anche tra le forze sul campo di battaglia; in particolare i milanesi fecero, a partire dal 1440, molto affidamento sulle armi da fuoco, tanto che nel 1482, durante la guerra di Ferrara, il ducato di Milano schierò 1250 schioppi, 352 archibugi e solo 233 balestre. I tempi in cui Paolo Vitelli si rifiutava di usare armi da fuoco, facendo cavare gli occhi e tagliare le mani agli *schioppettieri* prigionieri, erano rapidamente passati. All'inizio, fino al primo quarto del Quattrocento, i fanti saranno utilizzati soprattutto quali truppe di guarnigione, destinate alla difesa delle città e delle piazzeforti ma riprendendo le milizie che avevano caratterizzato gli eserciti comunali, i vari stati diedero sempre maggior importanza alla fanteria: ma si trattò di un embrione di eserciti stabili più che di truppe mercenarie. I condottieri, imbevuti in questo di cultura classica, da Vegezio a Maurizio, preferivano armate piccole ma molto mobili, ritenendo preferibile la manovra allo scontro frontale se non quando decisivo per le sorti della campagna. Federigo da Montefeltro innova la struttura degli eserciti, creando- forse ispirandosi agli eserciti inglesi della guerra dei Cent'anni? - un corpo scelto di balestrieri a cavallo, rapidi negli spostamenti ed in grado di tirare restando in sella grazie a piccole balestre manesche, ma anche in grado di combattere smontati. Si tratta in gran parte di urbinati, fedelissimi al loro signore, di cui costituiscono una sorta di guardia personale, della quale si serve nei

---

24 Nel 1472 nel ducato di Milano vennero formate 136 squadre per un totale di 3.604 uomini d'arme e 24.617 cavalli; il rapporto fra cavalli e uomini, dunque, è di circa 7:1.
25 Nel 1427 Venezia aveva al suo servizio 400 lance spezzate, Firenze 150; nel 1434 di 7.550 cavalieri milanesi, ben 1200 erano lance spezzate (M. Mallet, *Principi e mercenari. La guerra nell'Italia del Rinascimento*, trad. it, Bologna 2006, p.118.
26 Mallet, op. cit., p.118.

momenti critici, come nella conquista del forte di San Leo o nella riconquista- e nella successiva strage- di Fossombrone.

Allo stesso modo Federigo e Sigismondo Pandolfo sviluppano anche l'artiglieria (Sigismondo arriva a disegnare armi di concezione straordinariamente moderna, come granate a frammentazione ed una bombarda a vite!) da impiegare come armi d'assedio, in questo influenzando l'arte militare sino in Borgogna, e sviluppando molto il genio militare: ma sarà Bartolomeo Colleoni ad utilizzare le spingarde contro le truppe del Montefeltro alla Riccardina nel 1467, guadagnandosi la fama di *barbaro et maligno*. L'artiglieria d'assedio raggiunse il massimo sviluppo con Federigo di Montefeltro, il quale si vantò, in una lettera a Mattia Corvino, re d'Ungheria, dei propri pezzi d'assedio, che portavano nomi come la *Ruina*, la *Crudele* e la *Disperata*. Una delle bombarde più grandi consisteva in due sezioni, che pesavano ciascuna 14.000 e 11.000 libbre, ed era in grado di sparare proiettili in pietra da 370 o da 380 libbre.

Giustamente Burckhardt scrisse come in Italia, ben prima che altrove, si ebbero una scienza ed un'arte della guerra trattate in modo assolutamente sistematico e razionale, e nella penisola si ebbero i primi esempi di guerre condotte dando maggior enfasi alla manovra, alla sorpresa ed alla tecnologia d'assedio piuttosto che all'urto brutale. Del resto, insieme a questi aspetti, lo sviluppo soggettivo del guerriero preso individualmente (idealizzato già in una sorta di Medioevo eroico, che nel XVI secolo culminerà con l'*Orlando Furioso*) portò ad una coesistenza tra il tecnico ed il cavaliere, tra il condottiero pronto a usare le artiglierie più moderne dell'epoca e ad interpretare il ruolo del paladino devoto alla propria dama, come Sigismondo ed Isotta o Federigo e Battista Sforza. Per comprendere la guerra nell'Italia rinascimentale non ci si deve mai dimenticare il quadro culturale permeato dal classicismo e dall'umanesimo: al condottiero vincitore spettava un'apoteosi che altrove, in Francia o nelle Fiandre, in Inghilterra o in Germania o in Spagna, gli sarebbe mancata: quella che veniva dalla penna degli artisti e degli umanisti. La guerra nella penisola non era più un *giudizio di Dio*, ma una vittoria del valore personale del condottiero, della sua abilità di stratega, della sua ragione, una soddisfazione data alle velleità ambiziose di un esercito o di uno stato. Il manovrare avvicina il capitano a Cesare o a Scipione - come nella relazione fatta dal Porcellio per il re di Napoli sulla guerra milanese- veneziana del 1451, in cui Francesco Sforza diviene Annibale, e Jacopo Piccinino l'Africano- ma anche la guerra alla giostra, con tutto il suo apparato anche scenico, tanto che a volte culmina in un duello o in una mischia, come nei poemi cavallereschi o in Omero[27].

In questo senso, raffigurazioni come quelle del trittico della battaglia di San Romano di Paolo Uccello che mostrano cavalieri con elmi sovrastati da cimieri non devono esser considerate licenze artistiche: è molto probabile che in occasione degli scontri in campo aperto venissero indossate armature particolarmente elaborate, per meglio individuare il singolo cavaliere. Non vale il discorso della praticità; una battaglia rinascimentale non aveva solitamente una durata troppo lunga, anche per lo stress fisico dato dalle armature non solo dei cavalieri ma anche dei fanti, e il mantenere, in campo aperto, un basso profilo era assolutamente estraneo alla mentalità dell'epoca.

Ancora nel primo trentennio del XVI secolo i condottieri ebbero un ruolo notevole nelle Guerre d'Italia: si pensi a Giovanni dalle Bande Nere ed ai suoi uomini, ma ormai l'importanza delle condotte era andata declinando di fronte alla specializzazione degli eserciti nazionali: svizzeri e lanzichenecchi dapprima, i *tercieros* spagnoli del *Gran Capitàn* Consalvo de Cordoba, ma anche italiani, come gli *stradioti* veneziani, e, inoltre, l'eccessiva prudenza nell'utilizzare quella che era un'importante risorsa economica per il condottiero- imprenditore evitando dunque di impegnarla a fondo in scontri distruttivi provocherà la durissima invettiva di Niccolò Machiavelli, condanna che peserà da allora su tutta la storia dei condottieri, anche se deve esser riferita - e con grande cautela- solo all'epoca dello statista fiorentino[28].

---

27   Oltre alla celeberrima disfida di Barletta (1503) si può citare il duello tra Galeazzo Gonzaga ed il maresciallo di Francia Boucicault del 1476 a Cagnola: Burckhardt, *La civiltà del Rinascimento in Italia*, op. cit., pp. 98- 99.

28   Si deve ricordare che, come scrisse Federico Chabod, *le Istorie fiorentine.... più volte alterano di proposito le cose (così per le notizie di carattere militare, che Machiavelli altera sistematicamente, per dir male dei condottieri)*: F. Chabod, *Lezioni di metodo storico*, 14° ed., Roma- Bari, 1999, p.6.

▲ Il condottiero Niccolò Piccinino comandante visconteo 1386-1444.

I PROTAGONISTI

Filippo Maria Visconti, duca di Milano.

Secondogenito di Gian Galeazzo e di Caterina Visconti Filippo Maria Visconti nacque a Milano il 3 settembre 1392. Dal padre ereditò nel 1402, col titolo di conte di Pavia, il dominio su questa città e sulle terre oltre il Ticino e nel Veneto; ma nello sfasciarsi dello stato visconteo, seguito alla morte di Gian Galeazzo, non poté conservare integri i suoi possessi, che si restrinsero presto alle sole terre pavesi. Facino Cane, che già dominava alla corte milanese al fianco del duca Giovanni Maria fratello di Filippo Maria, s'accordò coi Beccaria, ancora assai potenti in Pavia, prese questa città, stanziandovisi poi come signore, quasi tutore di Filippo Maria, cui solo di nome rimaneva la signoria.

Il 16 maggio 1412 Giovanni Maria Visconti, duca di Milano, cadde vittima di una congiura: Astorre e Giovanni Carlo, figlio e nipote di Bernabò, furono acclamati signori. Contemporaneamente a Giovanni Maria venne a morte anche Facino Cane. La situazione politica era radicalmente mutata in Lombardia: ciò forse ci spiega l'altro mutamento che a un tratto sembra operarsi nell'indole di Filippo Maria Questi si rivela, quasi all'improvviso, come uno dei più audaci costruttori di stati del Rinascimento. Sposò Beatrice di Tenda vedova di Facino Cane, e poté così disporre del tesoro, della compagnia di ventura e delle terre del morto condottiero; con questi mezzi s'accinse a ricomporre il ducato di Milano e a divenirne unico signore; e infatti, in circa nove anni, riuscì a ricostituire, sia pure entro confini più ristretti, lo stato paterno.

Il 16 giugno 1412 entrò in Milano, si fece riconoscere duca e costrinse Astorre e Giovanni Carlo a chiudersi in Monza, che fu presa nel maggio 1413. Astorre morì durante l'assedio, mentre Giovanni si rifugiò presso Sigismondo d'Ungheria, dal quale sperava aiuto. Ma Filippo Maria seppe tenere a bada Sigismondo quando scese in Italia; approfittò della pressione che gli Asburgo facevano sentire ai confini orientali d'Italia per imporre amicizia o neutralità benevola a Venezia, a favore della quale rinunciò a ogni diritto su Verona e Vicenza. Con Genova simulò intenzioni pacifiche e stipulò nel 1413 una tregua decennale. Accordi strinse anche con Amedeo VIII di Savoia. Poté così, senza incontrare forti opposizioni da parte dei più potenti vicini, condurre innanzi l'opera di ricostituzione del ducato. Riuscì abbastanza facile al Carmagnola, suo capitano, aver ragione delle piccole signorie sorte in Lombardia dopo il 1402. Lotario Rusca, con la promessa d'una pensione, si lasciò indurre a cedere Como; Giovanni da Vignate, signore di Lodi, fu con inganni tratto a Milano e ucciso (1416); i Colleoni furono snidati dal castello di Trezzo (1417); Piacenza fu tolta a Filippo Arcelli (1418); a Cremona Gabrino Fondulo cedette nel 1420 e a Bergamo e Brescia Pandolfo Malatesta poté resistere fino al 1421. Il marchese di Monferrato fu costretto a restituire Vercelli (1417), e gli Svizzeri, che miravano alla pianura padana, furono vinti presso Bellinzona (1422). Le lotte di parte che straziavano Genova offrirono l'occasione d'occupare la città e Filippo Maria, per isolare politicamente i Genovesi, mandò ambasciatori a negoziare una grande lega che avrebbe dovuto riunire Veneziani, Fiorentini e Milanesi contro ogni intervento straniero; s'impegnò a non mescolarsi nelle faccende toscane: poté quindi avere anche Genova, che il 2 dicembre 1421 s'arrese al Carmagnola.

Si può dire che da questo momento abbia fine l'incremento della potenza di Filippo Maria Egli mirava a progredire ancora verso la Toscana, la Romagna, il Veneto. Ma la situazione politica italiana era ora ben diversa: vigili, aggressivi e dominati alla loro volta dal desiderio d'espandersi Venezia, Firenze e il duca di Savoia; stretta la Chiesa dal bisogno di costituire di nuovo il proprio stato. Dopo il 1421 sono questi i naturali oppositori del Visconti e dall'urto degli opposti appetiti nascerà la necessità di cercare d'interrompere, con trattati che mantenessero l'equilibrio fra i contendenti, la guerra durata quasi ininterrotta per un quarto di secolo.

Pretesto allo scoppiare delle ostilità furono i fatti di Forlì, dove era morto Giorgio Ordelaffi lasciando la signoria al figlio Teobaldo, ancora fanciullo. Il padre della vedova Ordelaffi, Ludovico Alidosi, signore d'Imola e amico di Firenze, cercò d'approfittare della tenera età del nipote per dominare anche in Forlì. I Forlivesi insorsero contro gli Alidosi e Filippo Maria intervenne. Dopo vane trattative con Milano, i Fiorentini vennero a guerra ed elessero loro condottieri successivamente Pandolfo Malatesta, Braccio da Montone e Carlo Malatesta, ma furono ripetutamente sconfitti (1423-24). Le milizie viscontee minacciano il cuore della signoria malatestiana: occupano Borgo Sansepolcro. Firenze allora, stretta dal pericolo imminente, intensifica la sua azione diplomatica a Venezia e, aiutata dal suo antico signore, stipula un trattato d'alleanza. Anche Amedeo VIII, adescato da larghe promesse, finisce per aderire alla coalizione (1426). Capitano veneto fu il Carmagnola (v.), che iniziò le operazioni militari nel Bresciano, in territorio nemico, e, nonostante parziali successi dei suoi avversarî Niccolò Piccinino, Francesco Sforza e Angelo della Pergola, ottenne a Maclodio (11 ottobre 1427) una vittoria, che avrebbe potuto essere veramente decisiva dell'esito della campagna. Ma Filippo Maria conseguì un grande successo diplomatico: riuscì a staccare dalla coalizione Amedeo, cedendogli Vercelli. I due duchi, il 2 dicembre 1427, stipularono un trattato d'alleanza contro Venezia e Firenze. Suggello dei patti era il matrimonio tra Maria, figlia di Amedeo, e il Visconti, vedovo dal 1418, quando Beatrice di Tenda, accusata d'infedeltà coniugale (e l'accusa non è stata affatto provata vera) saliva il patibolo. Filippo Maria s'accordò di lì a poco anche coi Veneziani e i Fiorentini e firmò la pace di Ferrara (19 aprile 1428), con la quale cedette Brescia e Bergamo a Venezia.

FILIPPO MARIA VISCONTI

Ma fu solo una breve tregua. Essendo Lucca venuta a lotta con Firenze, fu aiutata da Francesco Sforza, che agiva d'intesa col duca. L'elezione di papa Eugenio IV, veneziano, parve favorevole al sorgere di una forte lega antiviscontea. Veneziani e Fiorentini aprirono quindi nel 1431 le ostilità contro Milano. La guerra si protrasse con esito incerto sino a una seconda pace (Ferrara 26 aprile 1433), che rinnovò i patti del 1428.

Il disordine in cui ricadde lo Stato della Chiesa a causa del dissidio tra papa Eugenio IV e il concilio di Basilea indusse Filippo Maria a tentare nuovamente d'introdursi in Romagna: pur senza far guerra diretta, fece correre le terre pontificie dai suoi condottieri; Firenze e Venezia si schierarono contro di lui, col papa; assoldarono lo Sforza che, indotto appunto dal Visconti, aveva invaso le Marche, e s'era impadronito di parecchie città, e che passò poi al nemico, ottenendo per sé dal pontefice le terre conquistate (1433-34). La situazione italiana s'intorbidò ancor più nel 1435, a causa della contesa tra Renato d'Angiò e Alfonso d'Aragona per il trono di Napoli. Anche Filippo Maria, coi maggiori stati, secondò dapprima Genova, timorosa del progredire della potenza aragonese nel Mediterraneo, e stette per l'Angioino. Ma quando ebbe nelle sue mani Alfonso, fatto prigioniero dalla flotta genovese, divenne suo alleato. Genova allora si sottrasse alla supremazia del duca. Venezia e Firenze, con lo Sforza per condottiero, da una parte, Milano dall'altra, furono ancora di fronte in una guerra durata quasi quattro anni, accanto all'altra che frattanto si combatteva per la successione di Napoli. Le vittorie ottenute a Barga (1437) e ad Anghiari (1440) dagli sforzeschi arrestarono due volte l'avanzata milanese in Toscana. Il Piccinino, condottiero di Filippo Maria, occupò bensì diverse località della Romagna, ottenne successi anche nella valle del Po sul Gattamelata e sullo stesso Sforza; ma le sue pretese eccessive e, soprattutto, la sua mira evidente di costituirsi un forte dominio dovettero far sentire a Filippo Maria di non poter contare su di lui. Filippo Maria s'indusse allora alla pace di Cremona (20 novembre 1441), che riconosceva l'indipendenza genovese, dava a Firenze il Casentino, a Venezia Ravenna.

Declina ora la potenza della signoria milanese che cercherà negli anni successivi di difendersi piuttosto che di aggredire. Venezia impone il suo primato, anche nella parte settentrionale d'Italia; è prossima la vittoria d'Alfonso d'Aragona nel Napoletano. Minaccioso poi è specialmente lo Sforza, che durante le trattative di pace aveva costretto ad accettare il suo arbitrato e aveva ottenuto in moglie la figlia naturale del Visconti, Bianca Maria, che recava come dote Casale e Pontremoli e apriva al marito la via alla successione nel ducato. Questi pericoli, con la natura sospettosa del duca, spiegano la sua politica incerta degli ultimi anni. S'appoggiò al pontefice, cui cedette il Piccinino per far guerra allo Sforza. Alleato dell'Aragonese, lo abbandonò nella fase decisiva della lotta per la conquista di Napoli; dopo la sua vittoria, pensò per un momento d'accordarsi con gli Angioini. Prima osteggiò il genero, poi s'accostò a lui e ai suoi amici, i Veneziani e i Fiorentini, infine ritornò a gravitare verso il pontefice e l'Aragonese; cercò di rioccupare Cremona e Pontremoli. I Veneziani furono pronti a contenere l'offensiva ducale; vinsero a Casalmaggiore i Milanesi (1446); corsero il ducato; minacciarono la stessa Milano. Ma il duca sollecitò l'aiuto dello Sforza, che, temendo della potenza di Venezia, accorse in Lombardia nell'agosto del 1447, proprio alla vigilia della morte del suocero. Filippo Maria, ultimo signore della famiglia dei visconti, morì infatti a Milano il 13 agosto 1447 senza lasciare eredi diretti[29].

Niccolò Piccinino.

Stato più virtuoso che felice capitano; e di lui restarono Francesco e Jacopo, i quali ebbero meno virtù e più cattiva fortuna del padre...Allievo di Braccio, e più reputato che alcuno altro che sotto le insegne di quello avesse militato.

(Niccolò Machiavelli)

Niccolò Piccinino nacque probabilmente a Perugia nel 1386, da una famiglia originaria del borgo di Calisciana.

Il padre Francesco apparteneva al popolo perugino e possedeva una casa nella parrocchia di S. Fortunato a Porta Sant'Angelo *cum banchis aptis ad macellandum*, anche se venne sparsa la voce che lo zio fosse stato podestà di Milano.

Il suo biografo Giovan Battista Bracciolini riporta anche il nome della madre, Nina, che si occupò da sola del figlio dopo la morte del padre, ucciso quando Niccolò aveva dieci anni, forse da un membro della fazione popolare perugina dei Raspanti. Piccinino lasciò Perugia dodicenne per raggiungere lo zio paterno Biagio, con cui venne reclutato dal condottiero braccesco Bartolomeo Sestio e poi direttamente da Braccio Fortebracci. Sotto quest'ultimo avrebbe appreso l'arte del combattimento a cavallo. A questo periodo risale il soprannome '*Piccinino*'(ma anche *Piccolino, Pusillo, Petitto*), che gli fu attribuito per la sua piccola statura, confermata da molte fonti.

La sua ascesa continuò durante gli anni delle guerre negli Stati della Chiesa, della signoria braccesca su Perugia, Todi, Orvieto e altre terre umbre (1416-24) e delle guerre napoletane di Braccio. Alla morte di questi nel 1424, Niccolò affiancò l'erede designato dello Stato e della compagnia di Braccio, il quat-

---

29   A. Motta, *Filippo Maria Visconti, duca di Milano*, Enciclopedia Italiana, IV, Roma 1932, s.v.

tordicenne Oddo Fortebracci, ma si ritrovò presto a capo della parte più consistente della compagnia un anno dopo, quando il giovane Oddo fu ucciso sul campo di battaglia in Val Lamone. Sebbene in competizione con altri capitani, come Niccolò, detto 'della Stella', e Carlo Fortebracci, a partire dal 1425 Niccolò Piccinino emerse come vero capo dei bracceschi in Italia e fu responsabile della svolta politica che li portò al servizio del duca di Milano Filippo Maria Visconti meritandosi in quell'occasione la pittura infamante a Firenze.

Niccolò fu uno degli autori principali dell'espansione dei domini viscontei nell'Appennino tosco-ligure-emiliano contro i Fieschi e, nel dicembre 1430, della difesa di Lucca dall'attacco fiorentino. La progressione dell'esercito visconteo nel 1431 continuò nel contado pisano, in Val d'Elsa e in direzione di Arezzo e Cortona, prima di essere bloccata dal duca stesso, che lo richiamò a Milano sul fronte veneziano e in Valtellina.

Nel 1433 al Piccinino venne affidato il ruolo di governatore *pro tempore* di Milano e l'organizzazione degli onori cavallereschi per la visita dell'imperatore Sigismondo, alla quale Filippo Maria non assistette. Nel panegirico funebre di Piccinino, Pier Candido Decembrio sottolineò quanto la prudenza e moderazione da lui mostrate in quell'occasione a Milano ne accrescessero la reputazione come uomo di governo.

Niccolò Piccinino fu anche protagonista della rivoluzione degli equilibri diplomatici italiani seguita alla sconfitta e cattura di Alfonso d'Aragona nella battaglia navale di Ponza del 1435. Fu lui a scortare il pretendente al trono napoletano da Genova a Milano e in seguito all'inattesa riconciliazione fra Alfonso e Filippo Maria entrò anche al servizio del re, riallacciando il rapporto tra bracceschi e aragonesi inaugurato da Braccio.

La corrispondenza milanese indica che Piccinino era diventato in quegli anni uomo di fiducia del duca di Milano, non soltanto su questioni militari, e tale fiducia dovette contribuire ad alimentarne le ambizioni personali di governo. Il 2 dicembre 1437 Filippo Maria gli concesse l'affiliazione alla casata viscontea, l'uso della biscia nello stemma gentilizio e un primo nucleo di possedimenti territoriali in parte sottratti ai Fieschi, comprendente Borgonovo Val Tidone, Ripalta in Val di Vara, Borgo Val di Taro e Varese Ligure, e poco dopo anche Arquata Scrivia e Castelletto nell'Alessandrino. Al cancelliere di Piccinino, Albertino da Cividale, furono date Calestano, Marzolara e Vigolone nel distretto di Parma.

Nel 1438 Piccinino diventò governatore di Bologna per conto di Filippo Maria, il quale sosteneva la fazione bentivogliesca contro il legato papale. Entrato in città il 20 maggio, favorì l'elezione di un nuovo collegio dei Sedici e stabilì una forma di protettorato, in parte visconteo, in parte personale, durato fino al 1443. Piccinino guidò le truppe viscontee contro l'esercito fiorentino guidato da Micheletto Attendolo alla battaglia di Anghiari il 29 giugno 1440; la sconfitta lì subita segnò una battuta d'arresto delle ambizioni di Filippo Maria in Toscana, ma non di quelle di Piccinino. Il condottiero aspirava all'infeudazione di Piacenza, e forse persino al matrimonio con l'unica figlia del duca, Bianca Maria. Quando il duca sposò sua figlia, con in dote Cremona, al principale rivale di questi, Francesco Sforza, il Piccinino, sopravvissuto a una grave malattia, inaugurò l'ultima fase della propria carriera, in cui le mire di espansione militare diventarono apertamente personali.

Il 7 giugno 1442 Niccolò Piccinino veniva insignito del nome e dello stemma araldico della casa d'Aragona. Nel settembre 1442 acquistò con truppe bracceschi i territori del cosiddetto Stato Pallavicino, confinanti con i suoi possedimenti di Borgo Val di Taro e controllati da Rolando Pallavicini, accusato di tradimento contro Filippo Maria Visconti. A novembre dello stesso anno era in Umbria contro Alessandro Sforza e conquistava Assisi, Gualdo e Norcia al fianco dei perugini, ma con l'intenzione di farne il proprio dominio e stabilire un patto di reciproco sostegno con i Baglioni, signori di Perugia, alcuni dei quali avevano militato sotto di lui.

Nuovamente richiamato a Milano da Filippo Maria Visconti nel 1443, Piccinino lasciò la guida della compagnia braccesca al figlio Francesco, sconfitto da Francesco Sforza e fatto prigioniero a Montolmo.

Da tempo sofferente, al punto da dover essere issato a cavallo a braccio dai propri aiutanti, morì di idropisia a Cusago, vicino Milano, il 16 ottobre 1444. Fu seppellito nel Duomo di Milano per volere del duca. Da giovane Niccolò Piccinino era noto per la speciale combinazione di talento e ferocia, alla quale gli anni di carriera aggiunsero una prudenza militare e politica che destava ammirazione nei contemporanei:
Portava nell'odio, la stessa furia selvaggia che metteva negli assalti. Duro e inflessibile verso di sé, usava con gli altri una severità che toccava presto la ferocia. Non lacrime, non le commoventi invocazioni di bontà e di perdono, lo trattenevano dai piani stabiliti. I borghi, i castelli, le città, che in sua lontananza e per tema di danni maggiori avevan ceduto al nemico, erano votati da lui, non al saccheggio, ma all'incendio. Vedeva nel terrore un'arma non meno efficace degli attacchi e delle bombarde. Come si spargeva la voce ch'egli si avvicinava, entrava in tutti lo sgomento, e quell'atmosfera di paura rendeva incerte e pavide le stesse bande avversarie. Ebbe pochissime defezioni nelle milizie. I soldati lo temevano, ma lo amavano. Brontolavano per quella vita aspra e quelle scorrerie senza posa; ma appena lo vedevano alla loro testa, "paratissimo" e sempre primo nei pericoli, lo seguivano con slancio ovunque egli andasse. L'orgoglio di battersi sotto le sue bandiere li compensava d'ogni ferita e d'ogni disagio; l'orgoglio, ma anche la copiosità dei bottini.

A proposito della sua ferocia si tramanda che, per vendicarsi di alcuni soldati che gli avevano opposto una dura resistenza, li fece catturare, ordinò che fossero legati ad un albero e li trafisse uno a uno con una balestra. Poi li tagliò a pezzi, infierendo in ogni modo sui cadaveri.
Sotto il suo comando la Compagnia dei Bracceschi allargò considerevolmente la propria influenza oltre le aree degli Stati della Chiesa e del Regno di Napoli nelle quali Braccio aveva combattuto e tessuto alleanze, in particolare estendendosi alla parte meridionale del ducato di Milano intorno a Parma e Piacenza, a Bologna, alla Lunigiana e all'Appennino ligure-emiliano, ma anche alla Toscana non fiorentina. Il prestigio militare dei bracceschi e la rivalità con gli sforzeschi attrassero verso la compagnia condottieri minori, signori italiani e membri dei ceti di governo di città come Bologna, Lucca, Siena o Perugia.
La carriera di Niccolò Piccinino fu presa a modello già da storici e panegiristi a lui contemporanei come quella dell'uomo d'armi "totale", che spese la sua vita guerreggiando senza interruzione. Lodato da Decembrio, Neri Capponi e Poggio Bracciolini, immortalato in una medaglia del Pisanello come *Alter Mars*, Piccinino fu fatto rifulgere per la sua virtù militare, ma soprattutto per la sua instancabile ricerca di battaglia... Con tenacia incredibile, lo sconosciuto Piccinino seppe tessere nei vent'anni in cui percorse l'Italia alla testa di un esercito, azzoppato da una ferita, sofferente alla vescica e agli occhi, poi semiparalizzato ad un fianco tanto da doversi far trasportare e mettere in sella a braccia da due soldati, quasi immagine grottesca della guerra stessa.
Il poeta Cambino d'Arezzo gli dedicò i seguenti versi encomiastici:

O ytalico lume o Picinino
 Che facesti tremar ambo le forze
Ytaliane el tuo nome divino.
Tutte le tue radici e le tue scorze
 Pieno de fedeltà de dirittura
 No par che la tua fama anchor smorze.
 La tua sencireltà e mente pura
 Mertarebbe un'opra tutta intiera
E non trascorrer via con pocha cura...

Nel 1443, la rete di aderenze braccesca, si era estesa considerevolmente oltre i limiti già stabiliti da Braccio Fortebraccio da Montone, e un'intera generazione di soldati o ex-soldati (tra cui c'erano signori romagnoli come Malatesta Novello, patrizi milanesi come Erasmo Trivulzio, elementi della borghesia perugia come il poeta Lorenzo Gualtieri "Spirito") provenienti da tutta la penisola, vedeva in Niccolò Piccinino un polo politico indipendente, le cui possibilità d'ascesa erano varie e virtualmente principesche. Invece la "fortuna" che governava le vite di coloro che si dedicavano al mestiere delle armi non riuscì a portare l'*Altro Marte* più in alto di dove era arrivato nel 1442
Alla morte di Piccinino l'eredità della compagnia e dei suoi contatti passò ai figli Francesco e Jacopo, mentre i possedimenti territoriali in Lombardia e Umbria[30] si sgretolarono rapidamente.

Cosimo il Vecchio.

Cosimo de' Medici, detto il Vecchio nacque a Firenze, il 27 settembre 1389, giorno di San Cosimo, figlio del banchiere e mercante Giovanni di Bicci de' Medici. Il giovane Cosimo si dedicò col padre alla mercatura; e, sebbene accompagnasse Giovanni XXIII a Costanza e facesse poi viaggi in Germania e in Francia e, di ritorno in patria, fosse destinato a importanti ambascerie, a Milano nel 1420, a Lucca nel 1423, a Bologna nel 1424, al papa nel 1426, tuttavia, a quarant'anni, quando il padre morì, non era più che un insigne cittadino privato. Ma la grande ricchezza, l'affabilità dei modi, l'intelligente mecenatismo, la singolare larghezza, con la quale aiutava di doni e di prestiti molti cittadini e soccorreva alle necessità dello stato, ne andavano accrescendo il credito e la popolarità.
Senza essere caldo fautore della guerra di Lucca (1429), Cosimo l'appoggiò per non perdere il favore del popolo, che la voleva con meravigliosa concordia: fu anzi eletto due volte fra i Dieci di guerra (dicembre 1430 e giugno 1432) e mandato nel 1432 al marchese di Ferrara per trattare la pace. Ma censurò aspramente il modo con cui la guerra era condotta e assunse un chiaro atteggiamento di opposizione alle mene ambiziose di Rinaldo degli Albizzi, che di questa guerra era l'anima. E quando, volta malamente la fortuna, il popolo si trovò irritato per una pace vergognosa nell'anno 1433 e ridotto a gravi ristrettezze, Cosimo apparve capo della parte avversa all'oligarchia dominante, a cui si attribuiva la mala riuscita, e alle aspirazioni di Rinaldo, che tendeva a farsi "capo di setta e principale di popolo" (Cavalcanti, I, p. 496). Il 7 settembre 1433, essendo gonfaloniere Bernardo Guadagni, Cosimo fu chiamato in palazzo e arrestato. Egli temette da prima la morte: tuttavia, più che a ucciderlo, i suoi avversari tendevano, con l'arresto, a trascinarlo al fallimento. Ma signori e mercanti gli offrirono aiuto; Venezia e il marchese di Ferrara intervennero per lui; egli stesso riuscì a guadagnarsi col danaro alcuni della signoria fiorentina. Si finì col condannarlo come perturbatore dello stato pacifico dell'"aurea patria", escludendolo per dieci anni, con tutti i suoi, da ogni pubblico ufficio e confinandolo per questo tempo a Padova.
A Venezia, Cosimo fu accolto *non come confinato, ma come ambasciatore*; a Padova prima, poi a Venezia abitò come principe, offriva danaro ai Veneziani per la guerra, faceva compiere da Michelozzo lavori nella biblioteca di San Giorgio, dava agli stessi magistrati di Firenze notizie rilevanti per la repubblica. Il credito di Cosimo, il favore del popolo, il bisogno ch'egli sovvenisse il comune del suo danaro apparvero nell'esilio suo maggiori che non fossero quand'era in patria.
Una nuova signoria lo richiamò, mentre l'Albizzi, provatosi invano a mutare lo stato, era bandito per sempre. Cosimo ritornava padrone (ottobre 1434).
Cosimo si rese conto del come il "fare lo stato" fosse ormai necessario per non perdere l'alto posto, che

---

30   Ricevette il titolo di signore di Orvieto, Pontremoli, Borgonovo Val Tidone, Borgo Val di Taro, Pellegrino Parmense, Feligara, Candia Lomellina, Solignano, Varano de' Melegari, Visiano, Costamezzana, Borghetto, Tabiano, Somaglia, Calestano, Marzolara, Vigolone, Pianello val Tidone, Albareto, Castelponzone, Varese Ligure, Compiano, Fiorenzuola d'Arda, Frugarolo, Castell'Arquato

▲ Il celebre ritratto di Cosimo fatto da Benozzo Gozzoli nella sua famosa opera della cappella dei re magi.

la famiglia aveva raggiunto nella vita economica e politica di Firenze. Ostentò moderazione e si poté vantare che nei due mesi del suo primo gonfalonierato *non si confinò né si fece male ad alcuno*; ma la terra era "pacificata", già prima ch'egli tornasse, e fu poi mantenuta in pace con l'esilio e l'esclusione dai pubblici uffici di quanti potevano dare ombra a lui e alla sua parte: in esilio visse diciotto anni e morì Palla Strozzi, che pure nel momento decisivo s'era mostrato favorevole a Cosimo; questi voleva forse colpire nel restauratore dello Studio fiorentino chi poteva competere con lui in quel campo della protezione della cultura, nel quale i Medici volevano ormai primeggiare. Ma, se egli s'avvedeva come dovesse por mano al potere chi non voleva che altri la ponesse a suo danno, sentiva anche bene come occorresse, in una città avvezza da secoli a forme di reggimento libero, rispettare le esterne apparenze di questo, o, dove pure fosse necessario toccarle, lasciarne ad altri il carico e il pericolo.

Né forse alcuna signoria fu più reale e meno apparente di quella di Cosimo. Se nel 1463 Pio II, nell'invitarlo alla spedizione contro gli Osmani, gli scriveva *In oculis patriae tuae, in luce Italiae, in exterorum auribus nomen tuum versatur cum laude*, Cosimo, per sottrarsi all'appello non gradito, poteva rispondergli di considerarsi "*privatum hominem et civili quadam semper mediocritate contentum*; ma il pontefice lasciava scritto nei *Commentarí*[31] che a Cosimo nulla mancava del regno tranne il nome e la pompa. Solo per tre bimestri, nel 1435, nel 1439, nel 1445, Cosimo fu gonfaloniere, andò ambasciatore soltanto a Venezia e a Ferrara presso il papa, nel 1438; ma Francesco Sforza comandava al suo oratore di dire ai signori di Firenze "*iù et meno... como parirà ad esso Cosmo*. E in verità i signori, o fossero tratti a sorte

---

31 E. S. Piccolomini, *Commentarii*, libro II, Roma 1584, p. 89.

da borse manipolate dagli accoppiatori, come fu dal 1434 al 1444 e di nuovo dal 1455 al 1458, o fossero scelti direttamente dagli accoppiatori stessi o dalle balìe, come nel periodo dal 1444 al 1455 e negli ultimi anni di Cosimo, erano sempre uomini devoti al Medici; di tempo in tempo erano nominate balìe con pieni poteri; e se nel 1455 parve che Cosimo cedesse parte della propria autorità, permettendo il libero sorteggio dei magistrati, nel 1458 un altro colpo di stato, particolare fatica di Luca Pitti, ridusse di nuovo il potere in mano di pochi partigiani, e creò quel Consiglio dei Cento, che, avendo autorità di deliberare sulle imposizioni e sulle condotte delle milizie, divenne fulcro saldissimo del nuovo stato. E presto non fu più in Firenze chi potesse contrastare a Cosimo, poiché i capi della parte avversa erano banditi, i gregari si stringevano a lui, e Neri Capponi, autorevolissimo nella parte medicea, dopo l'oscura uccisione compiuta in Palazzo del condottiero Baldaccio d'Anghiari, amico suo (1441), si tenne prima in disparte, poi aderì alla volontà di Cosimo.

Questo potere personale di Cosimo si manteneva con diversi accorgimenti. Abbattuta l'oligarchia borghese, Cosimo si appoggiava al popolo, guadagnandoselo con la liberalità; ma nel popolo cercava di formarsi un partito proprio, nel quale entravano largamente uomini oscuri o di contado e, sebbene talvolta assai meritevoli, a lui debitori di ogni loro fortuna. E, se egli si fece amica qualcuna delle famiglie più potenti che avevano dominato negli ultimi decennî in Firenze, e ne strinse a sé altre che appartenevano all'antica nobiltà, e si studiò di nascondere la propria persona dietro a quelle degli amici suoi più autorevoli, cercò tuttavia d'impedire che gli antichi o i nuovi partigiani salissero in modo da potergli dare ombra. Al quale fine serviva meravigliosamente il sistema tributario. Il catasto, istituito nel 1427 per imporre le gravezze pubbliche in ragione delle sostanze, doveva essere rinnovato ogni tre anni, ma non fu riveduto più, né rispondeva alle nuove condizioni degli arricchiti per il favore di Cosimo: la minaccia della sua rinnovazione pesava sopra costoro; e, quando parve, nel 1455, che gli amici di Cosimo ne volessero diminuire l'autorità, a *farli ravvedere*[32] valse sopra ogni altra cosa questa, che "si risuscitò il modo del catasto" (1458): i ricchi furono allora "sotto sopra" (Buser, p. 400) e fu possibile il colpo di stato del Pitti. Sulla base poi del catasto era applicata la "scala", cioè l'imposta progressiva, che dal 4% per le fortune più modeste, da 1 a 50 fiorini, saliva al 33½% per le maggiori, oltre ai 1500; e, poiché l'imposizione era affidata in parte alla "coscienza" di deputati fedeli a Cosimo, la scala fu maneggiata così bene da colpire o da minacciare di miseria gli avversarî aperti o gli amici mal sicuri di lui: Giannozzo Manetti, caduto in disgrazia, dovette pagare in più volte 135 mila fiorini d'oro e ne fu rovinato. Certo, le enormi gravezze pesavano sulla vita economica fiorentina, già insidiata dalla concorrenza di quelle industrie forestiere, di cui i Fiorentini erano stati maestri; ma è da riconoscere come esse fossero applicate in modo da avere riguardo alle piccole fortune, opera di giustizia insieme e d'accorta politica. E, d'altra parte, Cosimo promoveva l'agricoltura, incoraggiava la lavorazione domestica della seta, dava incremento al commercio, favorendo la creazione o lo sviluppo di case commerciali, curando la navigabilità dell'Arno, mandando navi nei mari settentrionali e sulle coste africane, annodando relazioni con i Turchi già padroni dell'Oriente: Venezia vedeva con sospetto la nuova potenza, che si affermava nel commercio orientale e che cercava senza alcuno scrupolo di soppiantarla. Cosimo stesso attendeva personalmente alla coltivazione dei suoi poderi, come *"intendentissimo"* d'agricoltura (Vespasiano da Bisticci); né cessò mai dall'essere *non solamente savio, ma bene avventurato mercante* da Niccolò V, già sovvenuto da lui quand'era ancora Tomaso da Sarzana, era fatto depositario della Chiesa; poteva prestare danaro al re d'Inghilterra e al duca di Borgogna; la casa de' Medici era detta dal Commynes "la plus grande maison que je croy que jamais ait esté au monde"[33]. Così le fortune economiche di Firenze e quelle dei Medici erano congiunte.

La politica estera di Cosimo fu, per trent'anni, la politica stessa della repubblica fiorentina; ne furono cardine prima l'alleanza con i Veneziani contro i disegni egemonici di Filippo Maria Visconti, poi, quando Venezia parve troppo potente e ambiziosa, una strettissima alleanza con Francesco Sforza,

---

32 Machiavelli, *Ist. Fior.*, VII, 2
33 *Mémoires*, VII, 6, Parigi 1925, III, p. 41

che fu tenuto da Cosimo, come questi diceva all'oratore di lui *per suo Dio a questo mondo*. Cosimo ebbe non piccola parte nell'assicurare soprattutto col danaro, allo Sforza il trono ducale di Milano; e per lui maneggiò e conchiuse il trattato di Montils-les-Tours col re di Francia (1452) e procurò la discesa in Italia di Renato d'Angiò (1453). Tristi semi di danno futuro; ma, per allora, Cosimo poté pensare di avere assicurato *la libertà di Firenze e di tutta Italia* come scrisse il Guicciardini, di avere dato alla città la pace, di cui ella aveva desiderio e bisogno, e di avere a un tempo guadagnato a sé e alla famiglia nello Sforza un alleato fedele, nel re di Francia un amico prezioso. Furono acquisti non spregevoli il Casentino, Borgo San Sepolcro e Montedoglio, Bagno di Romagna, che assicuravano a Firenze le alte valli dell'Arno e del Tevere e la sicura discesa al piano di Romagna. Ma soprattutto aumentò il credito di Firenze, poiché, osservò il Machiavelli (VII, 5), per la *felicità e prudenza"* di Cosimo, *qualunque seco o colla sua patria si collegava, rimaneva o pari o superiore al nemico, e qualunque se gli opponeva, o e' perdeva il tempo e' danari, o lo stato*; e l'essere Cosimo dai suoi agenti o corrispondenti d'affari informato di quanto avvenisse, così che nulla pareva essergli ignoto, rendeva Firenze uno dei centri della politica, non solo d'Italia, ma d'Europa.

Cosimo, pur essendo mediocremente colto, era appassionato della cultura e dell'arte; liberale e magnifico per natura, era portato a favorirle; ma il proteggerle, oltre a costituire un mezzo per circondare sé e la famiglia di una luce di gloria, era ufficio di reggitore di una città, dove questa protezione era tra le attribuzioni principali dello stato. Se lo Studio fiorentino non ebbe da Cosimo largo favore, forse per la memoria del governo oligarchico che lo aveva fatto risorgere, intorno a lui si raccolgono umanisti e letterati, G. Argiropulo e il Landino, L. B. Alberti e A. Rinuccini, Donato Acciaiuoli e Bartolomeo Scala; siedono cancellieri in palazzo L. Bruni, C. Marsuppini, Poggio Bracciolini, Benedetto Accolti; il concilio del 1439 porta a Firenze, con lo splendore della corte romana e della bizantina, un amore più intenso alla cultura ellenica e alla filosofia di Platone. E un nuovo Platone vuole Cosimo educare nel figliuolo del suo medico, Marsilio Ficino; nella villetta di Careggi, da lui regalata allo stesso Marsilio Ficino, si radunava il primo nucleo della nuova Accademia, mentre l'Argiropulo si occupava per ordine di lui alla traduzione di Aristotele e l'Acciaiuoli preparava il commento dell'*Etica*.

Le chiese, i conventi, le cappelle, i palazzi, le ville, in cui Cosimo ddiede lavoro a *poveri uomini infiniti"* (Vespasiano da Bisticci), sorsero capolavori d'arte... Nel palazzo Medici, a San Marco, alla Badia furono aperte biblioteche, per le quali si acquistarono a gran prezzo e vennero copiati manoscritti greci e latini; e vi si raccolsero collezioni preziose di statue, di vasi, di medaglie, di cammei, d'oggetti d'arte d'ogni maniera. Potrà alcuno mormorare che Cosimo abbia *pieno per insino i privati de' frati delle sue palle*[34]; ma non la sola Firenze sente la magnifica larghezza del primo de' suoi cittadini: a Milano la casa donata a Cosimo dallo Sforza è resa dall'arte di M. Michelozzi e dalle pitture giovanili di Vincenzo Foppa una delle più belle della città; ad Assisi ampliato il convento di San Francesco, costruiti un acquedotto e pavimentata la via dalla città alla Porziuncola; a Parigi restaurato il collegio degl'Italiani; a Gerusalemme fu costruito per i pellegrini un ospizio mediceo.

Gli ultimi anni di Cosimo non furono lieti: li turbarono la malattia e la morte del figlio Giovanni, la debole salute di Piero; né egli, infiacchito dagli anni e dai dolori, seppe o volle opporsi alla rapace violenza dei propri partigiani, e in particolare del Pitti, che parve il vero signore di Firenze.

Cosimo il Vecchio morì a Careggi, il primo agosto 1464, e fu portato con *mediocre mortorio* a San Lorenzo e sepolto, com'egli aveva voluto, in terra davanti all'altare, i cittadini lo piansero e lo onorarono *come niun altro mai*[35].

---

34   Cavalcanti, *Seconda storia*, II, p. 210.
35   G.B. Picotti, MEDICI, Cosimo de', detto il Vecchio, *Enciclopedia Italiana*, VII, Roma 1934 s.v.

▲ Il condottiero Micheletto Attendolo Sforza alla battaglia di Anghiari con portainsegne 1440.

Micheletto Attendolo.

Quorum nobile erat nomen, et laus rei militaris maxima.

Non si conosce la data precisa della nascita di Michele Attendolo, detto Micheletto ed anche Michelotto da Cotignola, ma non dovette essere successiva al 1390, dato che Micheletto Attendolo già nel 1411 militava nelle schiere del cugino Muzio Attendolo Sforza. Micheletto era figlio di Bartolo e cugino di Muzio Attendolo Sforza e di Francesco Sforza; era genero di Niccolò Fortebraccio e di Giacomo di Vico.
Come tutti gli altri Attendolo, seguì Muzio nel Regno di Napoli ed alla morte di re Ladislao di Durazzo il 3 agosto 1414 egli comandava, insieme con Muzio Attendolo, l'esercito della regina Giovanna II. Fu valido sostegno, con i suoi quattrocento cavalieri, di Muzio, mentre costui era prigioniero prima di Pandolfello Alopo e poi di re Giacomo di Borbone nel 1415.
Dopo i patti che Lorenzo Attendolo strinse con il sovrano angioino, Micheletto Attendolo lasciò il Regno di Napoli e si pose, per qualche tempo, al servizio di Braccio da Montone, per conto del quale assunse la difesa di Iesi e di Rocca Canterano. Quando, a causa del Tartaglia, sorse l'inimicizia tra i Bracceschi e gli Attendolo, Micheletto Attendolo abbandonò Braccio e per qualche tempo restò solo. Nel 1419 era nel Viterbese contro i Bracceschi e Tartaglia.
Nel 1420 Micheletto tornò nel Regno di Napoli con Muzio e Foschino Attendolo, dove sposò Polissena dei Sanseverino, vedova di Domenico Novello dei Malatesti, signore di Cesena, che gli recò in dote quindici importanti feudi, tra i quali Torre Amara, S. Marco, S. Martino in Terranova, Tursi, Tito, Anzi, Potenza, Vera, Campagna, Policoro, Vignola ed Alianello. Nello stesso anno (1420), insieme con Fabrizio di Capua, difese Sessa attaccata da Braccio e nell'agosto del 1421 si trovò al fiume Sangro, sempre contro i Bracceschi. Nel novembre dello stesso anno era a Benevento e l'anno dopo, nel 1422, a Rende, al seguito di Muzio. Nel 1423, preparandosi la spedizione che doveva portare alla liberazione dell'Aquila, occupata da Braccio, Muzio lo condusse nella campagna.
Benché Muzio fosse morto il 4 gennaio 1424, la battaglia dell'Aquila ebbe egualmente luogo e Micheletto Attendolo, avuto il comando di un'ala, contribuì alla vittoria in maniera determinante, poiché, a tempo opportuno, soccorse le schiere di Giacomo Caldora che erano state scompigliate dai Bracceschi. In seguito, militò al servizio di papa Martino V e, nell'agosto del 1428, era con Giacomo Caldora, combatté contro i Bolognesi; poi prestò i suoi servigi alla Repubblica fiorentina, insieme a Nicolò da Tolentino nel 1432, andando contro i Lucchesi il 10 giugno e, insieme con Niccolò Piccinino, capitano dei Fiorentini Il assalendo le schiere dei Milanesi e dei Senesi. Più tardi mosse contro l'imperatore Sigismondo di Lussemburgo, ma senza raggiungere alcun risultato.
Lasciati i Fiorentini, Micheletto Attendolo si pose quindi al servizio di papa Eugenio IV e domò molti signori che avevano tentato di sottrarsi al governo pontificio: il 15 aprile nel 1433 Micheletto era a Vetralla, assediando poi Castelnuovo, Caprarola, Genazzano ed altre località. L'Attendolo si recò poi a Roma, con cinquecento cavalieri, per accogliere l'imperatore Sigismondo che, dopo l'incoronazione 31 maggio 1433, lo armò cavaliere. Nell'ottobre del 1434 occupò Roma che il 29 maggio precedente aveva proclamato la repubblica. Il papa in premio lo fece creare Gran Connestabile del Regno di Napoli; l'Attendolo, dopo la morte della regina Giovanna II il 2 febbraio 1435, si pose al servizio di Renato d'Angiò per il quale governò le terre della Calabria fino al 1438, quando il re lo richiamò perché lo proteggesse da Alfonso d'Aragona. Micheletto Attendolo restò nel Regno di Napoli almeno fino al 1440, poi ritornò al servizio dei Fiorentini e riportò la vittoria di Anghiari il 29 giugno 1440, in seguito alla quale tutto il Casentino cadde in mano fiorentina
L'anno seguente fu chiamato dai Veneziani per sostituire il Gattamelata e, nominato capitano generale, sostenne la guerra contro il ducato di Milano. Il 28 settembre 1446 Attendolo sconfisse a Casalmaggiore le truppe milanesi guidate dal Piccinino, occupò quasi tutta la Ghiara d'Adda e giunse sotto le porte di Milano; per questa grande vittoria fu creato nobile veneziano e cavaliere aurato ed ebbe la signoria di Castel Franco nel Trevigiano.

Nel 1448, sempre al comando delle truppe veneziane, insieme con Bartolomeo Colleoni, si ritirò in Cremona, e non avrebbe voluto accettare battaglia a Caravaggio, ma, costrettovi da un ordine, vi subì una grave sconfitta il 14 settembre.

Scrive Aldo Settia che:

Entro un contesto di stabilità che rendeva le relazioni fra i membri della compagnia "vischiose, tenaci, fondate sulla conoscenza reciproca", le tecniche addestrative, le consuetudini militari e le modalità d'azione venivano così trasmesse da maestro ad allievo. E'notevole, in proposito, che insieme con i registri contabili l'archivio della compagnia di Micheletto degli Attendoli conservasse anche un "libro delle ricordanze" nel quale venivano annotati i più diversi elementi, compresi "fatti politici e descrizioni di battaglie".

Micheletto Attendolo morì a Palazzuolo nel 1451.

▲ Situazione del milanese al tempo dell'insediamento di Filippo Maria Visconti (1412 circa)

LA BATTAGLIA

Ed in tanta rotta e in sì lunga zuffa che durò dalle venti alle ventiquattro ore, non vi morì che un uomo, il quale non di ferite ne d'altro virtuoso colpo, ma caduto da cavallo e calpesto spirò.

(Niccolò Machiavelli)

La prima memoria di Anghiari si ha in un atto dell'11 marzo 1082. Dai conti del prossimo castello di Galbino, vassalli del marchese del Monte S. Maria, la chiesa di S. Girolamo d' Anghiari passò nel 1104 ai camaldolesi, che eressero nella parte più alta della collina chiesa e monastero, e favorirono lo sviluppo del luogo con esenzioni da gabelle ed elargizioni di terreni. Il dominio dei priori di Camaldoli, che vi tenevano un visconte, cessò nel 1187, subentrandovi alcune consorterie di nobili; finché Anghiari venne in potere del vescovo aretino Guido Tarlati, la cui famiglia lo tenne fino al 1384. Impadronitisene poi i Fiorentini, vi costituirono un vicariato con vasta giurisdizione, estendentesi anche su parte del Casentino: ma ciò venne in contrasto con le mire del duca di Milano i cui disegni egemonici si spingevano sino alla Toscana ed all'Italia Centrale.

In questo contesto il comune di Firenze si era dapprima schierato con i viscontei per poi passare nel 1425 con la Serenissima sia perché era entrato in contrasto con il ducato, divenuto troppo influente perfino nella politica interna fiorentina, sia per trovare maggior intesa con il Papato, obiettivo che fu portato del tutto a termine nel 1431 con la morte del pontefice antifiorentino Martino V e l'elezione di Eugenio IV più disponibile a nuove alleanze in funzione antiviscontea. Perciò, dopo numerosi altri scontri, nell'estate del 1440 le truppe ducali al comando del condottiero Niccolò Piccinino entrarono in Toscana e si scontrarono con quelle della coalizione (Firenze, Serenissima e stato Pontificio) fra il borgo di Anghiari e Sansepolcro.

L'esercito della coalizione concentratosi nei pressi del piccolo borgo di Anghiari comprendeva 4000 soldati del Papa, guidati dal cardinale Ludovico Trevisano, un pari contingente fiorentino, ed una compagnia di 300 cavalieri di Venezia, guidati da Micheletto Attendolo. Alle truppe si aggiunsero volontari di Anghiari.

Le forze milanesi, numericamente inferiori (9000 contro 1100), raggiunsero la zona nella notte del 28 giugno. A queste si unirono altri 2000 uomini della città di Sansepolcro.

Così Ricotti, nella sua classica opera sulla *Storia delle Compagnie di Ventura*, ancor oggi il testo più completo sull'argomento, riassume le mosse del Piccinino alla vigila della battaglia:

...Niccolò Piccinino, bramoso di appropriarsi quel dominio, che Braccio suo congiunto e maestro coll'opera di lui aveva posseduto, sollecitava il duca di Milano a spedirlo coll'esercito nell'Umbria.

I vantaggi, ch'egli proponeva in cotesta impresa, erano di spaventare il papa e i Fiorentini, ferirli nelle viscere loro col fomento dei fuorusciti, e allontanare mediante la diversione Francesco Sforza da Brescia, il cui assedio era come un mortifero stecco piantato nel cuore dei Veneziani. Deliberata la impresa, passò fummo adunque il Piccinino con 6000 cavalli il Po, scese per val di Lamone nel Mugello, scorse tutto quel piano sino a tre miglia sotto Firenze; ma poscia, vinto dalle calde istanze del conte di Poppi suo amico, consumò i più bei mesi dell'anno nelle sterili balze del Casentino.

Levossene alla fine, gridando e bestemmiando che i suoi cavalli non mangiavano sassi, e indirizzò le squadre a Borgo S. Sepolcro.

Ma egli, presi seco 1100 armati, si mosse verso Perugia.

Traevano a visitarla affetto di cittadino e ambizione di tiranno insieme mescolati; desiderando gli uomini, non so se più sovente per grandezza o per parvità d'animo, di signoreggiare là dove sono nati. Né mancavano in Perugia parecchi amici e adoratori ciechi del nome di Niccolò, che stimolati chi da vanità di splendore esterno, chi da privata affezione, vivamente bramavano e si studiavano di assoggettarne la patria. Nulladimeno questa volta, sia caso, sia memoria della ancor recente tirannide bracciesca, sia interessato consiglio di qualche altro ambizioso, il vantaggio dei molti sopravanzò al volere de' pochi.

▲ La battaglia di san Romano, dipinta da Paolo Uccello in tre grandi opere, combattuta pochi anni prima permette uno studio comparato, assai preciso sulle armature e i costumi militari toscani in uso al tempo

I Perugini conclusero, essere meglio onorare Niccolò Piccinino come cittadino, che odiarlo come principe; perciò riceveronlo bensì con molte feste; ma dopo le feste lo accommiatarono pulitamente col dono di 8000 fiorini. Partito da Perugia, Niccolò rivolse subito i pensieri alla Toscana. Da alcune lettere intercette gli risultava, essere i capitani di Firenze e del papa alieni dal venire a battaglia; ne argomentò dover essere facile di riportarne vittoria: risolse pertanto di assaltarli, e poscia col favore della vittoria accorrere in Lombardia contro Francesco Sforza, che vi faceva alti progressi.

Del resto i disordini del campo nemico, il quale per impedirgli l'entrata nella Toscana s'era soffermato sotto Anghiari, gli facevano ben augurare del suo tentativo[36].

È posta la terra di Anghiari alle radici dell'Appennino sopra un colle inclinato con facile pendio verso Borgo S. Sepolcro che ne è discosto quattro miglia.

Confidando nell'elemento sorpresa e nelle capacità del proprio esercito, Piccinino ordinò un attacco per il pomeriggio del 29 giugno, ma la polvere sollevata dai milanesi sulla strada tra Sansepolcro e Anghiari allertò Attendolo, che si preparò alla battaglia.

Le vicende dello svolgersi della battaglia di Anghiari sono abbastanza note e possono ricostruite con accuratezza.

In esse sono ravvisabili le complesse interazioni menzionate da McNutt nel suo lavoro, a riprova di come il terreno di battaglia sia in ultima analisi un paesaggio costruito dall'uomo in seguito alle dottrine ed alla cultura militare dominanti all'epoca dei fatti ricostruiti. In questo senso, ad esempio, vanno letti i lavori eseguiti dai contendenti per facilitare l'azione della cavalleria oppure le opere fatte in precedenza attorno al fossato il cui passaggio verrà conteso nel corso della battaglia, per ostacolare oppure agevolare l'azione rispettivamente degli attaccanti e dei difensori.

Lo scontro – come è noto – ebbe luogo il 29 giugno del 1440, nel giorno dedicato ai santi Pietro e Paolo e in quanto tale, per la mentalità dell'epoca, poco indicato per intraprendere operazioni militari.

La guerra rinascimentale difatti, pur non essendo quella *guerra per ischerzo* tramandata da certa storiografia e per la genesi della quale il Machiavelli ha avuto indubbiamente le sue responsabilità, aderiva

---

[36] E. Ricotti, *Storia delle Compagnie di Ventura*, Torino 1846, III, p. 78

▲ L'Intervento decisivo a fianco dei fiorentini di Micheleletto Attendolo a San Romano. Il condottiero è per noi molto importante in quanto presente come comandante Della lega anche ad Anghiari.

comunque a una sorta di codice cavalleresco il cui rispetto era basato su alcune regole e principi, in difetto dei quali i contemporanei parlavano, non senza una punta di disprezzo, di *mala guerra*. Facendo leva appunto su questa diffusa convinzione sulla dubbia opportunità di combattere nei giorni di solenni festività religiose, il Piccinino ribalterà questo paradigma cercando di sfruttare l'effetto sorpresa derivante da un attacco improvviso portato in un giorno di festa; in questo sembra anticipare la tattica impiegata nel XX secolo nella battaglia detta appunto *di Natale*, scatenata il 25 dicembre 1941 dai sovietici contro lo C.S.I.R., nella offensive del Tet del 1968 (attacco a sorpresa portato dai nord vietnamiti la notte del capodanno vietnamita) o nella guerra dello Yom Kippur (attacco a sorpresa arabo durante la festività ebraica, 6 ottobre 1973). Nel caso della battaglia di Anghiari l'effetto sorpresa venne vanificato dalla pronta reazione del condottiero romagnolo Micheletto Attendolo, il quale, accampato nei pressi dell'odierno teatro di Anghiari, da posizione sopraelevata fu in grado di intuire cosa stesse accadendo e di intervenire energicamente e tempestivamente alla testa dei suoi circa trecento cavalieri veneziani. Detto per inciso, questo fatto offre uno spunto di riflessione sulla metodologia corretta da seguire: chi oggi dovesse visitare quei luoghi troverà lo spazio ove all'epoca era accampato Attendolo occupato dal Teatro dell'Accademia dei Ricomposti di Anghiari, e la vista verso la vallata ostruita da tutta una serie di costruzioni sorte in seguito. Questo stato di fatto è utile per rammentare come l'analisi e la ricognizione di un sito di scontro bellico del passato devono prescindere da condizionamenti dettati dalla contemporaneità, anche a livello di evidenze fisiche.

Drizzatosi dunque Niccolò con le sue genti verso Anghiari. Era già loro propinquo a meno di due miglia, quando da Micheletto Attendolo fu veduto un gran polverio; ed accortosi come gli erano i nimici, gridò all'arme…E come Micheletto fu il primo a scoprir il nemico, così fu il primo a incontrrlo armato; e corse con le sue genti sopra il ponte del fiume che attraversa la strada, non molto lontano da Anghiari[37],

per dirigersi verso S. Sepolcro e da qui in Romagna. Nel contempo si era creata nella vicina Anghiari, controllata dalla Repubblica fiorentina, una concentrazione di forze avversarie. Le truppe fiorentine constavano di 4000 uomini, sotto la guida di Neri di Gino Capponi e Bernardetto de'Medici, commis-

---

37   N. Machiavelli, *Istorie Fiorentine*, libroV, cap.XXXIII

▲ Stemmi nobiliari e insegne dei cavalieri presenti ad Anghiari

Araldiche (stemmi e insegne) dell'esercito visconteo e alleati

1. Stemma di Filippo Maria Visconti, duca di Milano e conte di Pavia.
Scrive Bonvesin della Riva (1240- 1315), a proposito di tale stemma dalle origini dibattute, che *viene offerto dal comune di Milano a uno della nobilissima stirpe dei Visconti che ne sembri il più degno un vessillo con una biscia dipinta in azzurro che inghiotte un saraceno rosso; e questo vessillo si porta innanzi ad ogni altro; e il nostro esercito non si accampa mai se prima non vede sventolare da un'antenna l'insegna della biscia.*
La notorietà di questo stemma era tale da venir citato da Dante nell'ottavo canto del *Purgatorio* come *...la vipera che il Melanese accampa.*
2. *Radia Magna*, impresa personale di Filippo Maria Visconti con il motto *A Bon Droit*.
Portare le insegne ducali era un diritto concesso alle lance spezzate, un corpo scelto di cavalieri che per varie ragioni si erano staccati dalle loro compagnie o erano rimasti senza comandante. Le lance spezzate milanesi erano per lo più formate da bracceschi sotto il diretto comando di Niccolò Piccinino.
Un altro corpo speciale di cavalleria milanese era quello della Famiglia Ducale; i familiari armigeri o armigeri ducali formato da nobili lombardi e veterani che fungevano da guardie del corpo del Duca. Anche la Famiglia Ducale era sotto il diretto comando del Piccinino e non è improbabile che portasse le insegne ducali.
3. Arme di Niccolò Piccinino, inquartante la *Radia Magna* del Duca di Milano. Nel marzo 1438 Filippo Maria aveva aggregato il Piccinino alla stirpe dei Visconti concedendogli l'uso della propria impresa araldica.
4. Impresa di Astorre (o Astorre) Manfredi, signore di Faenza e acerrimo nemico dei Fiorentini, Astorre venne catturato da Niccolò Gambacorta da Pisa durante la battaglia; i fiorentini pur di averlo nelle proprie mani offrirono al Gambacorta una taglia di ben *fiorini dumila d'oro larghi e netti*.
5. Stemma dei Manfredi Signori di Faenza.
6. Stemma di Rinaldo degli Albizzi, fuoriuscito fiorentino ed avversario di Cosimo il Vecchio de'Medici, da lui fatto condannare all'esilio nel 1433; ma nel 1434, al ritorno di Cosimo, Rinaldo venne a sua volta confinato a Trani ed il figlio Ormanno fu inviato al confino a Gaeta; gli altri figli furono condannati per quindici anni alla privazione dei diritti politici. Rinaldo fuggì dal confino e, insieme con il figlio, si recò a Milano per ottenere da Filippo Maria l'aiuto necessario per un ritorno armato. Per questo motivo fu dichiarato ribelle e condannato alla confisca dei beni. Rinaldo combatté contro Firenze sotto le insegne viscontee, e fu condannato alla pena di morte il 13 luglio 1440 in quanto traditore e fu dipinto impiccato nel palazzo del podestà. Dopo Anghiari si ritirò ad Ancona.
7. Arme braccesca con l'ondato stretto, utilizzata dal Piccinino.
8. Arme braccesca con l'impresa del Leopardo, come riportata nella bandiera del Piccinino catturata dai fiorentini durante la battaglia: leopardo seduto al centro di un cerchio d'alloro in campo d'oro. Si trattava dello stendardo utilizzato da Braccio Fortebraccio da Montone come emblema da combattimento. Graziani nella sua *Cronaca* descrive dettagliatamente lo svolgimento dei funerali di Braccio da Montone menzionando tra le *bandiere gialle e nere tutte con el montone*, anche *uno stendardo bianco con el leopardo*.
Alla morte di Braccio, avvenuta nel 1424, Niccolò Piccinino, suo capitano, ereditò la maggior parte delle forze bracceschi rimaste, assieme alle bandiere di compagnia, guidandole in battaglia fino alla propria morte. Tre testi sulla battaglia di Anghiari riportano la bandiera con il leopardo: la *Fuga del Capitano*, il *Diario del Graziani* e *La rotta del Piccinino*, che ricorda la cattura dello stendardo braccesco per opera di un certo Tartaglia d'Arezzo, un caposquadra della compagnia di Micheletto Attendolo.

Araldiche (stemmi e insegne) della Lega

9. Impresa di Micheletto Attendolo Sforza. Il fasciato ondato richiama il servizio di Micheletto sotto Alberico da Barbiano, mentre il liocorno d'oro, emblema di Micheletto, simboleggia la purezza e la fede.
10. Stemma degli Attendolo Sforza, con il leone rampante reggente la cotogna (riferimento a Cotignola, di dove proveniva la famiglia Attendolo).
11. Impresa di Pier Giovan Paolo Orsini di Manoppello, Capitano Generale fiorentino con Bernardetto de Medici.
12. Stemma di Neri di Gino Capponi Commissario Generale Fiorentino.
13. Stemma di Bernardetto (Bernardo) de'Medici, Commissario Generale Fiorentino, con sei palle di rosso in campo d'oro; lo stemma di Cosimo il Vecchio invece presenta otto palle..
14. Stemma di Alberico da Barbiano, ereditato da Micheletto Attendolo.
15. Stemma di Niccolò Gambacorta da Pisa. Il condottiero pisano, di scuola braccesca, passato poi agli sforzeschi, si coprì di gloria ad Anghiari catturando Astorre Manfredi.
16. Stemma Orsini del Balzo

sari generali dell'esercito per nomina della Repubblica Fiorentina; ad esse si aggiungevano quelle del Papa Eugenio IV, altri 4000 uomini riorganizzati dal Cardinale Ludovico Trevisan, detto Scarampo Mezzarota. A questi due ampi nuclei si aggiunsero trecento cavalieri della Repubblica di Venezia comandati da Micheletto Attendolo Sforza.

A quella prima compagine come detto si unirono alcune compagnie di Capitani di Anghiari come Agnolo Taglia, Gregorio di Vanni e Leale di Anghiari. Informato di quanto accadeva il Piccinino, convinto della propria superiorità di forze, decise di attaccare le truppe della Lega, non prima di aver assoldato ad ulteriore sostegno del proprio esercito altri 2000 uomini di Sansepolcro. Non era allora consuetudine combattere nei giorni di festa, secondo le usanze cavalleresche, se non per speciali emergenze, e il 29 Giugno, dedicato a San Pietro e Paolo, in cui il Piccinino scelse di attaccare, poteva contribuire a sorprendere impreparato il nemico. Questa era l'intenzione del capitano quando si mosse nelle prime ore del pomeriggio.

Di fatto la sorpresa non riuscì perché il capitano dei Veneziani, acquartieratisi presso Monteloro vide nel centro della vallata sollevarsi la polvere dallo stradone rettilineo creato nel Trecento dai Taglieschi tra Sansepolcro e Anghiari, e che data la stagione doveva essere particolarmente polveroso. Lo Sforza intuendo l'attacco dette l'allarme e mobilitò i cavalieri veneziani per una prima difesa che permettesse al resto dell'armata di schierarsi alla battaglia.

Ai piedi del colle scorre il fiume di ripe alte e malagevoli, e sopra il fiume si ergeva un ponte di pietra detto *delle forche*.

Per esso avevano a passare i ducali, ogniqualvolta avessero voluto azzuffarsi colle genti della lega. Ma queste confidando sia nella lontananza del nemico, sia nella difesa del fiume non si immaginavano punto di venire almeno per quel giorno assalite. Stavansi anzi in gran sicurezza dopo il pranzo chi quà chi là disarmati nei padiglioni, o coricati sotto le ombre della campagna; quand' ecco a Michele Attendolo nel rivolgere per caso lo sguardo verso Borgo S. Sepolcro venne veduta una sottile nebbia di polvere, che a poco a poco crescendo e facendosi più densa e vicina lo avvertì dell'avvicinarsi del Piccinino.

Dato perciò all'arme, in fretta e furia si allestirono a respingerlo, quei della Chiesa a destra del ponte, i Fiorentini a sinistra del medesimo, Michele coi più bravi sopra di esso, i balestrieri lungo la riva a vietarne il varco[38].

In breve tempo anche gli altri capitani della Lega raggiunsero l'Attendolo al ponte sul canale prima di Anghiari, che costituiva una strozzatura per il nemico. Essi deliberarono rapidamente la tattica di combattimento, con una tripartizione degli schieramenti.

Il Simonetta, uno dei capitani fiorentini, di fazione medicea, avrebbe coperto il lato destro, i fiorentini con gli anghiaresi il centro e il lato sinistro, i cavalieri veneti sarebbero rimasti a presidio del ponte, coadiuvati dalle fanterie che, distribuite sul ciglio dei canali, avrebbero colpito ai fianchi il nemico[39]

Venendo alla battaglia vera e propria, Niccolò Capponi così ricostruisce nel suo lavoro le varie fasi dello scontro, riconducibili a tre fasi distinte[40].

Prima fase. Primo pomeriggio.

Nel primo pomeriggio del 29 giugno 1440 le truppe milanesi si dirigono con una mossa repentina a sorpresa verso il ponte ubicato ai piedi del colle di Anghiari ("Ponte alle forche"), con l'intenzione di prendere di sorpresa il campo dei collegati. Andato oggi perduto, questo non era lontano dallo stradone stesso, e univa le alte rive di una gora chiamata Acquaviola, la quale captando le acque del Tevere forniva la forza motrice per undici mulini, oggi scomparsi o trasformati successivamente in essiccatoi[41]. Probabilmente faceva parte di questo gruppo di armati un contingente di alemanni esperti nell'uso

---
38 Ibid.
39 AAVV., *I luoghi delle battaglie in Toscana*, Firenze 2004, pp. 89-90.
40 Capponi, *La battaglia di Anghiari*, p. 19
41 Salvini, Lelli (a cura di), *Le memorie celate*, p. 53.

▲ Cavalieri della Lega fiorentino-pontificia con le insegne della famiglia Orsini

degli scoppietti. Questi soldati erano in origine schierati con i collegati, ma in seguito a loro cattura da parte del Piccinino cambiarono parte in cambio della salvezza della loro vita.

Scorta questa operazione ed intuitone lo scopo, Micheletto Attendolo dà l'allarme, lascia una squadra al campo e si butta al galoppo in discesa lungo lo stradone di Anghiari – voluto nel 1323 da Guido Tarlati di Arezzo – allo scopo di difendere il ponte, punto di transito obbligato, dai milanesi. Le compagnie di Attendolo si muovono al seguito di un grande stendardo raffigurante onde azzurre e bianche accompagnate da mele cotogne che simboleggiano la sua città natale, Cotignola, proesso Ravenna.

Arrivato alla gora Micheletto occupa il ponte e ne blocca gli accessi con parte dei suoi uomini; dispone gli altri, uomini d'arme e fanti, lungo le rive del corso d'acqua per impedire il passo alla fanteria nemica. Gli ufficiali fiorentini danno quindi l'allarme, coordinando al tempo stesso la reazione dei collegati.

Furono per tanto le prime genti che comparsono da Micheletto gagliardamente sostenute, e non che altro, da quello ributtate.

Ricotti scrive:

...Il primo, che mescolasse le mani, fu Michele: sopravvennegli addosso dalla banda opposta Francesco Piccinino, e lo respinse oltre il ponte fino all'erta che sale ad Anghiari.

Ma tosto le fanterie della lega, serrandosi attorno ai Bracceschi, li ributtavano alla loro volta; quindi spingendosi e respingendosi gli uni gli altri stettero due ore al contrasto del passo. In quella fitta tempesta di colpi, non voce, non suono alcuno risuonava per l'aere: ma, rotte le lancie e le spade, avresti mirato i guerrieri combattersi a corpo a corpo coi pugni e coi guanti di ferro.

Seconda fase. Dalle 15 alle 17.

Nell'orario che va dalle 15 alle 17 circa; Micheletto Attendolo riesce inizialmente a sostenere l'impatto portato dall'avanguardia comandata da Francesco Piccinino e da Astorre Manfredi, finché gli avversari, più forti numericamente, passano il ponte, grazie anche alla manovra aggirante delle fanterie. Costretto Attendolo a retrocedere fino ai piedi del colle di Anghiari, i milanesi si schierano sul terreno livellato. A questo punto giungono in suo soccorso le truppe pontificie di Piero Giampaolo Orsini e Simonetto da Castel San Pietro, i quali -con il loro intervento- provvedono ad evitare lo sfondamento della linea difensiva dell'Attendolo ed a fare indietreggiare l'avanguardia dei viscontei oltre il ponte.

...sopravenendo Astor e Francesco Piccinino con gente eletta, con tale impeto in Micheletto percossono, che gli tolsono il ponte e lo pinsono infino al cominciare dell'erta che sale al borgo di Anghiari; di poi furono ributtati e ripinti fuori del ponte da quelli che dai fianchi gli assalirono. Durò questa zuffa due ore, che ora Niccolò, ora le genti fiorentine erano signori del ponte. E benché la zuffa sopra il ponte fusse pari, non di meno e di là e di qua dal ponte con disavvantaggio grande di Niccolò si combatteva. Perché, quando le genti di Niccolò passavano il ponte, trovavano i nimici grossi, che, per le spianate fatte, si potevono maneggiare, e quelli che erano stracchi potevono dai freschi essere soccorsi; ma quando le genti fiorentine lo passavano, non poteva commodamente Niccolò rinfrescare i suoi, per essere angustiato dalle fosse e dagli argini che fasciavano la strada: come intervenne, perché molte volte le genti di Niccolò vinsono il ponte, e sempre dalle genti fresche degli avversarii furono ripinte indietro, ma come il ponte dai Fiorentini fu vinto, talmente che le loro genti entrorono nella strada, non sendo a tempo Niccolò, per la furia di chi veniva e per la incommodità del sito a rinfrescare i suoi, in modo quelli davanti con quelli di dietro si mistorono, che l'uno disordinò l'altro, e tutto lo esercito fu constretto mettersi in volta e ciascuno, sanza alcuno rispetto, si rifuggì verso il Borgo.

Il Piccinino aumenta la propria pressione con la cavalleria e la fanteria: il combattimento di cavalieri frammisti a fanti si fa serrato, i milanesi cercano di sfondare le linee nemiche. I balestrieri genovesi si schierano alle pendici del colle, bersagliando da lì le truppe di Niccolò Piccinino. I collegati trascinano

▲ Lo stradone di Anghiari in direzione di Sansepolcro, visto dalla parte più sopraelevata del paese, secondo la prospettiva dei fiorentini. Sotto: lo stesso stradone visto oggi dalla prospettiva delle truppe attaccanti milanesi.

alcune bombarde fuori dall'accampamento per prendere d'infilata il fianco sinistro milanese. Il Piccinino fa intervenire le proprie riserve, per creare un varco nello schieramento avversario. L'intervento delle riserve dei collegati, lanciate al galoppo, ristabilisce l'equilibrio tra le parti.

Terza fase, il tardo pomeriggio

Nel tardo pomeriggio; per rintuzzare i collegati Astorre Manfredi - i cui armati si muovono utilizzando come insegna il simbolo del "salasso", lo strumento per cavare sangue che i signori di Faenza hanno adottato alla fine del Trecento – avanza i suoi uomini. L'intervento di Simoncino d'Anghiari e

▲ Il paesaggio in cui fu combattuta la battaglia il 29 giugno 1440. In questo luogo si svolse la lotta per lo stendardo di Micheletto Attendolo, poi dipinta da Leonardo.

dell'Orsini ribalta la situazione a favore degli alleati, che riescono a respingere i viscontei oltre il rivo. Astorre Manfredi, vista la situazione, di propria iniziativa si porta in avanti per fermare la carica nemica. La sua azione provoca viceversa un buco nello schieramento visconteo, ora non più compatto.
Il condottiero si trova di fronte a forze preponderanti; ferito da un colpo di lancia all'inguine (o alla coscia), viene disarcionato ed è catturato da Niccolò da Pisa.
Seppure in una condizione di inferiorità numerica, il Piccinino riesce a ripristinare il proprio schieramento e resistere ancora per qualche tempo.

Giovava agli alleati l'avere antecedentemente spianato il terreno alle proprie spalle, per cui senza perder mai tempo gli uni agli altri sottentravano a rinfrescare la zuffa: nuoceva ai ducali l'impedimento dei campi e dei fossi, per cui non che ricevere soccorso dal retroguardo, ma in contravano grande pena a tener ferma la propria ordinanza. S'aggiungeva l'essere entrati nel combattimento quando già erano stanchi del viaggio, e l'avere trovato una opposizione non preveduta, oltre ad una molesta polvere, che soffiata dal vento contrario negli occhi e nelle bocche impediva gravemente la vista ed il respiro. Perlochè, avendo alla fine i nemici superato con smisurato sforzo il ponte, fu uopo di cedere[42].

Ecco come il Machiavelli riporta i fatti:

Durò questa zuffa due ore, che ora Niccolò, ora le genti fiorentine erano signori del ponte. E benché la zuffa sopra il ponte fusse pari, non di meno e di là e di qua dal ponte con disavvantaggio grande di Niccolò si combatteva. Perché, quando le genti di Niccolò passavano il ponte, trovavano i nimici grossi, che, per le spianate fatte, si potevono maneggiare, e quelli che erano stracchi potevono dai freschi essere soccorsi; ma quando le genti fiorentine lo passavano, non poteva commodamente Niccolò rinfrescare i suoi, per essere angustiato dalle fosse e dagli argini che fasciavano la strada: come intervenne, perché molte volte le genti di Niccolò vinsono il ponte, e sempre dalle genti fresche degli avversarii furono ripinte indietro, ma come il ponte dai Fiorentini fu vinto, talmente che le loro genti entrorono nella strada, non sendo a tempo Niccolò, per la furia di chi veniva e per la incommodità del sito a rinfrescare i suoi, in modo quelli davanti con quelli di dietro si mistorono, che l'uno disordinò l'altro, e tutto lo esercito fu constretto mettersi in volta e ciascuno, sanza alcuno rispetto, si rifuggì verso il Borgo.

La stanchezza e la pressione nemica, unite al vento che soffia polvere nei loro occhi, provoca il cedi-

---

42   Ricotti, cit., p. 80.

▲ Veduta della città di Anghiari, sotto alle sue mura si combatté la celebre battaglia.

mento dei milanesi, che vengono inseguiti dai collegati fino a Sansepolcro.
A causa della giornata caldissima, entrambi gli eserciti avevano messo nelle retrovie delle donne con vasi d'acqua per rinfrescare uomini e cavalli affaticati dal combattimento. In questa rotta finale dei milanesi vengono travolte ed uccise dai collegati circa una sessantina di donne di Borgo Sansepolcro, collocate nelle retrovie ed addette a dissetare i soldati viscontei.
Anziché inseguire i milanesi i collegati si dettero al saccheggio, permettendo al Piccinino di mettersi in salvo, a differenza delle milizie di San Sepolcro:
I soldati fiorentini attesono alla preda, scrive il Machiavelli nelle *Istorie Fiorentine; la quale fu, di prigioni, di arnesi e di cavagli, grandissima, perché con Niccolò non rifuggirono salvi mille cavalli. I Borghigiani, i quali avevono seguitato Niccolò per predare, di predatori divennono preda, e furono presi tutti e taglieggiati; le insegne e i carriaggi furono tolti.*

Quella sopra è una ricostruzione il più possibile oggettiva della battaglia operata in massima parte da Niccolò Capponi e facendo riferimento alle cronache dell'epoca ed alle missive ufficiali, come da lui stesso dichiarato nel suo lavoro. Ma, ovviamente, l'uomo medievale viveva in una cornice culturale assai diversa dalla nostra, per cui oltre ad una ricostruzione degli eventi, queste stesse fonti riportano aneddoti e ulteriori "fatti" che oggi noi tendiamo a liquidare come superstizione o leggenda, ma che evidentemente all'epoca avevano la loro importanza, e venivano quindi riportate con la stessa – o forse maggiore – acribia con cui si trascrivevano nomi di uomini e di città. Pare infatti che alla vigilia della battaglia il Piccinino sia stato testimone di un presagio nefasto. Cavalcando, egli vide ad un tratto una biscia saltare da un ramo all'altro di un albero di fichi e, perdendo questa la presa, cadere di qualche metro per finire infilzata più in basso da un ramo aguzzo. Come è noto lo stemma di Filippo Maria Visconti, signore di Milano, prevedeva un grosso biscione per cui tale episodio fu subito letto come un presagio sfavorevole per i milanesi.
Lo stesso Visconti era un uomo molto superstizioso e quando ricevette il Piccinino, pare cordialmente, dopo la disfatta di Anghiari, fu oltremodo comprensivo nel momento in cui questi attribuì la cattiva riuscita delle operazioni a fatti imponderabili, quali l'incidente accaduto alla biscia ed il fatto che si fosse combattuto nella giornata dedicata ai santi Pietro e Paolo, i quali evidentemente non avrebbero comprensibilmente apprezzato chi avesse osato muovere guerra nella festività a loro dedicata, piuttosto che al valore dell'Attendolo:

Narrasi che il Piccinino, non so se per boria o in buona fede, solesse poi sempre attribuire la rotta ricevuta sotto Anghiari a miracolo del Cielo, per aver lui voluto combattere contro la Chiesa nel giorno consacran ai ss. Pietro e Paolo[43].

Da parte fiorentina, complice l'ansia da parte dei toscani di attribuirsi tutto il merito per la vittoria conseguita dai collegati, si diffuse un altro aneddoto. Pare infatti che un devoto del carmelitano Andrea Corsini, vescovo di Fiesole e morto nel 1373, avesse avuto qualche giorno prima della battaglia una visione in cui il defunto prelato gli aveva annunciato la vittoria fiorentina. Dopo l'evento fu quindi decretato che la Signoria si recasse ogni anniversario presso la chiesa di Santa Maria del Carmine per venerare il corpo del Corsini ivi conservato. Considerato l'intervento miracoloso del carmelitano nel dare la vittoria ai collegati, Eugenio IV proclamò beato il vescovo e Filippo Lippi fu incaricato di decorarne l'urna.

La battaglia di Anghiari verrà celebrata a decorrere dal 1441 con un palio, il *Palio della Vittoria*, con cui Firenze volle onorare la memoria dello scontro vittorioso. Inizialmente corso a piedi – e tenuto in

43   Ricotti, op.cit., p. 81 n.1

▲ Cappella votiva eretta nel 1441, per celebrare il luogo in cui fu combattuta la Battaglia d'Anghiari. Essa era noto ai cittadini come La Maestà delle Forche, poiché era il luogo in cui avvenivano le esecuzioni capitali. Nel pilastro di destra si legge l'anno 1440 con l'insegna della comunità, nell'altro è posto lo stemma di Ranieri di Giuliano Forese, vicario fiorentino ad Anghiari nel periodo della battaglia. La targa è del 1906.

contemporanea anche a Firenze – si trasformerà in seguito in una corsa a cavallo, venendo soppresso infine nel 1827 per questioni di ordine pubblico in seguito al verificarsi di tumulti sanguinosi.

Verrà ripristinato a partire dal 2003, recuperando l'originale forma di corsa a piedi in salita lungo lo stradone di Anghiari, partendo dalla cappellina di Santa Maria alla Vittoria fino a Piazza del Mercatale.

La notorietà della battaglia è inoltre legata al nome di Leonardo da Vinci, il quale nel 1503 ricevette dal gonfaloniere della repubblica fiorentina Piero Soderini l'incarico di rappresentare questo scontro nel Salone dei Cinquecento di Palazzo Vecchio a Firenze. Dopo una lunga fase di studi, nel 1504 Leonardo fece il grande cartone preparatorio e l'anno successivo iniziò i lavori che durarono fino al 1506. Utilizzando una tecnica sperimentale – cosiddetta ad *encausto* derivata da un testo di Plinio il Vecchio – non riuscì a governarne i processi di essiccatura, per cui il lavoro si rovinò irrimediabilmente. Grazie a Rubens e ad altri artisti che videro e copiarono la scena principale - detta "lotta per lo stendardo" - abbiamo oggi una idea di come tale opera sarebbe dovuta apparire nelle intenzioni del grande Leonardo. Benché deteriorata, la pittura era ancora visibile nel 1549, per poi scomparire definitivamente nel 1563 allorchè Cosimo I diede incarico a Vasari di affrescare la sala con episodi di storia fiorentina. Delle vicende dell'affresco si parlerà dettagliatamente nell'appendice 2.

▲ Laddove nel 1440 esisteva un "ponte alle forche" che univa le alte rive di una gora chiamata Acquaviola – e che tanta importanza ebbe quel lontano 29 giugno 1440- sopravvive invece oggi un anonimo ponticello sopra un modesto fosso d'acqua denominato Reglia dei Mulini.

Militarmente invece, la battaglia non ebbe nulla di decisivo:

E fu la vittoria molto più utile per la Toscana, che dannosa per il Duca, commenta Machiavelli; *perché, se i Fiorentini perdevono la giornata, la Toscana era sua; e perdendo quello, non perdé altro che le armi e i cavagli del suo esercito; i quali con non molti danari si poterono recuperare.*

Ricotti da parte sua concludeva:

Rimasero in potere della lega 22 capi di squadra, 100 conestabili, 1440 uomini da taglia, e 5000 cavalli.

Ma che? appena terminata la battaglia, i vinti prigionieri venivano rilasciati in farsetto, i vincitori sbandavansi per mettere in salvo il ricco bottino: sicché in pochi giorni, mediante un poco di denaro speso dal Piccinino nella compera delle armature, parevano mutate le sorti, e quelli avere trionfato, e questi perduto.

Tali erano coteste guerre, nelle quali la vittoria non generava acquisto, né la sconfitta rovina!

Infatti, prima che l'esercito della lega si fosse riordinato, di già il Piccinino marciava verso la Lombardia; dove sia le trattative intavolate di una nuova pace, sia le mutue gare dei condottieri avevano impedito di effettuare nulla d'importante[44].

---

44 Ricotti, op. cit., pp. 80-81.

▲ Cavaliere con stendardo della Radia Magna viscontea, e gualdrappa del cavallo con le insegne del Piccinino.

CONSIDERAZIONI SUI NUMERI DEI SOLDATI COINVOLTI

L'esercito milanese aveva quel giorno una forza di circa 3500-4000 cavalli e 2000 fanti, suppergiù uguale a quello dei collegiati[45]. Delle truppe montate si calcola grosso modo che gli uomini d'arme con armatura completa non fossero più di 700/800. Inoltre una parte non facilmente quantificabile della cavalleria viscontea, ma stimabile in circa 1000/1500 uomini, non fu coinvolta nello scontro in quanto distaccata per intercettare i saccomanni – gli addetti alla logistica ed alle salmerie – facenti parte dell'esercito nemico, compito che peraltro essi non riuscirono ad assolvere. Un analogo ragionamento va effettuato per i fanti milanesi, molti dei quali rimasero durante tutta la durata dello scontro a Borgo Sansepolcro, a protezione non solo del bottino accumulato in precedenti imprese ma anche delle salmerie e dei carriaggi facenti parte dell'apparato logistico milanese. Da queste considerazioni consegue che il Piccinino, per portare il suo attacco ad Anghiari, avesse avuto a disposizione circa 2500/3000 cavalieri ed un migliaio di fanti, molti dei quali tiratori. Pare infatti che gli armati di scoppietto fossero organizzati in due compagnie. A questi numeri andrebbe aggiunto il contingente di abitanti di Borgo Sansepolcro che prese parte allo scontro dalla

▲ Il patriarca di Aquileia Lodovico Trevisan, poi cardinale, condottiero alla guida delle truppe papali. Ritratto del Mantegna

parte dei milanesi, in veste di soldati ausiliari o anche di semplice manovalanza. Alcune fonti dell'epoca parlano di ben 1500 uomini, ma a una attenta analisi della situazione demografica, questo numero pare esagerato. Essendo infatti la popolazione dell'epoca del paese valtiberino pari a circa 5000 unità, parlare di 1500 uomini significa indicare una percentuale sproporzionata della popolazione attiva maschile dell'epoca, per cui una stima di 500 unità sembra senz'altro più attendibile. Risulta inoltre la presenza di alcune decine di donne in entrambi gli schieramenti addette al rifornimento d'acqua per i soldati.

Da queste considerazioni emerge che Piccinino attaccò sostanzialmente da una situazione di debolezza, in quanto con 3000 cavalieri e 1000 fanti attaccò un nemico forte di circa 4000 cavalieri e 2000 fanti, oltretutto saldamente accampati in posizione geograficamente sopraelevata e quindi forte sotto il profilo tattico. Da questi numeri è chiaro come un esperto comandante come il Piccinino avesse quel giorno puntato tutto sull'effetto sorpresa e, forse, sul potenziale di fuoco della componente di armati di scoppietto – o "schioppetto" – al suo servizio. E' bene a questo punto tracciare un breve ritratto di questi armati, i primi ad impugnare armi portatili da fuoco sui campi di battaglia.

Privo di parti difensive perché protetto dal targone, lo scopo dello scoppiettiere era quello di colpire il nemico da lontano, anche se l'effetto era più morale che reale, data l'imprecisione delle armi utilizzate, la cui gittata utile si stima essere di circa 60 metri. Il forte rumore unito al fumo prodotto dallo sparo intimorivano comunque i nemici. E' anche da dire, però, che i danni effettivi di un colpo di scoppietto erano devastanti, soprattutto per le gravi infezioni che potevano recare al ferito. Gli schioppettieri – come erano anche chiamati - vestivano leggeri, con l'usuale calzamaglia, una camiciona ed il corpetto chiuso con lacci o bottoni. Il capo era protetto da una cervelliera o molto spesso da semplici copricapi in tessuto. Le munizioni e la polvere venivano portati in borse e scarselle appese a tracolla o alla cinta. Per la difesa personale erano dotati di pugnali e daghe.

---

45 Capponi, *La battaglia di Anghiari*, p. 160.

LE BUONE LEGGI E LE BUONE ARMI

La battaglia di Anghiari, combattuta – come visto sopra – da circa 7mila/10mila contendenti considerando ambo le parti ed a seconda che si applichino stime più o meno restrittive, solleva subito una questione importante sulle effettive perdite registrate dai contendenti a fine giornata. Tanti scrittori, storici, commentatori o semplici lettori sono stati infatti suggestionati dalle celebri parole di Machiavelli al riguardo:

Ed in tanta rotta e in si lunga zuffa che durò dalle venti alle ventiquattro ore, non vi morì che un uomo, il quale non fu di ferite né d'altro virtuoso colpo, ma caduto da cavallo e calpesto espirò[46].

In questo passaggio, scritto ottant'anni dopo il fatto d'arme, emerge tutto il pregiudizio del Machiavelli sulle armi mercenarie, dettagliatamente illustrato in un precedente passaggio del *Principe* al capitolo XII:

Le mercenarie ed ausiliari sono inutili e pericolose; e se uno tiene lo Stato suo fondato in su l'armi mercenarie, non starà mai fermo né sicuro, perché le sono disunite, ambiziose, e senza disciplina, infedeli, gagliarde tra gli amici, tra li nimici vili, non hanno timore di Dio, non fede con gli uomini, e tanto si differisce la rovina, quanto si differisce l'assalto; e nella pace sei spogliato da loro, nella guerra da' nimici.
La cagione di questo è, che non hanno altro amore, né altra cagione che le tenga in campo, che un poco di stipendio, il quale non è sufficiente a fare che e' voglino morire per te. Vogliono bene essere tuoi soldati mentre che tu non fai guerra; ma come la guerra viene, o fuggirsi o andarsene. La qual cosa dovrei durar poca fatica a persuadere, perché la rovina d'Italia non è ora causata da altra cosa, che per essere in spazio di molti anni riposatasi in sull'armi mercenarie, le quali fecero già per qualcuno qualche progresso, e parevano gagliarde tra loro; ma come venne il forestiero, elle mostrarono quello che l'erano [...].

(Machiavelli, Il Principe, cap. XII).

Sia in guerra che in pace, Machiavelli consigliava al Principe di affinare l'arte bellica, per difendere lo Stato ad ogni costo, unica istituzione capace di sottrarre l'uomo all'egoismo individuale, al disordine e all'inciviltà. Ma tale arte non poteva essere portata avanti a suo giudizio da milizie mercenarie – scevre

---

46 Machiavelli, *Istorie fiorentine*, libro V, capitolo XXXIII.

◄▲ Anonimo, Battaglia di Anghiari (fronte di un cassone nuziale). National Gallery of Ireland

a suo dire di amor patrio ed etica civile – bensì da quelle cittadine e quindi nazionali, le uniche capaci di coniugare *vis* militare con profondo senso di appartenenza alla comunità statale. Machiavelli indica nei fattori morali il nerbo della lotta e innalza la religione della patria a forza morale, politica e militare. Sacrifica l'individuo allo Stato ma, al tempo stesso, elegge il popolo a supremo difensore[47].

Nella *Relazione sull'istituzione della nuova milizia* (1506), Machiavelli enunciò il principio morale delle milizie nazionali, ribadito poi nel Principe, nei Discorsi e nell'Arte della Guerra. Era profondamente convinto che le arti della politica e della guerra fossero intimamente legate e che la perfezione della seconda derivasse dalla compiutezza della prima. Suggeriva un ritorno al passato romano, alla simbiosi fra buone leggi e buone armi. Sapeva che la vis militare non può prescindere dall'amor patrio, né dall'etica civile. Riteneva l'apogeo greco-romano frutto di un indirizzo unitario in politica, di uno scopo chiaro in guerra e di ottimi cittadini-soldato, legionari per aspirazione e dovere, non per mestiere. Scrive:

Conchiudo adunque, che, senza avere arme proprie, nessuno Principato è sicuro; anzi tutto obbligato alla fortuna, non avendo virtù che nell'avversità lo difenda. E fu sempre opinione e sentenzia degli uomini savi, che niente sia così infermo ed instabile, come è la fama della potenza non fondata nelle forze proprie. E l'arme proprie sono quelle che sono composte di sudditi o di cittadini, o di creati tuoi; tutte l'altre sono o mercenarie, o ausiliari. E il modo ad ordinare l'arme proprie sarà facile a trovare, se si discorreranno gli ordini sopra nominati da me[48].

Aveva dunque ragione in questa sua faziosa polemica, tanto da manipolare il dato oggettivo per fare trionfare la sua tesi in merito alla scarsa idoneità da parte di un "principe" di rivolgersi alle truppe mercenarie per proteggere il suo stato – "gli stati si reggono su buone leggi e buone armi"?

Nel caso dell'autore delle *Istorie*, il risentimento personale deve aver preso il posto della oggettiva analisi storica. Se da una parte Machiavelli vedeva nei mercenari la mancanza delle più basilari virtù civiche, dall'altra il cupo risentimento maturato in seguito al sanguinoso sacco di Prato – ove la sua milizia cittadina era stata duramente battuta dai professionisti dell'esercito imperiale – deve aver in-

---

47   https://www.difesa.it/InformazioniDellaDifesa/Pagine/niccolo-machiavelli.aspx
48   Machiavelli, *Il Principe*, cap. XIII.

dubbiamente giuocato un ruolo negli aspri giudizi del grande pensatore.
Già nel *Principe* al tema aveva dedicato un intero capitolo, il dodicesimo – sottotitolato in latino come sua prassi *"Quot sint genera militiae et de mercenariis militibus"* – nel corso del quale viene lungamente dibattuta quale possa essere la forma ideale dell'esercito su cui un "principe" possa fare affidamento per la difesa interna ed esterna dello Stato. Da tale analisi le truppe mercenarie escono decisamente male, definite esose e inaffidabili in tempo di pace e vili in guerra. Anche al cospetto di capitani validi – argomenta l'autore – il rischio che esso si rivolga contro il suo stesso datore di lavoro è alto, tutte considerazioni che fanno decisamente propendere il Machiavelli verso l'istituzione di una milizia cittadina o "nazionale" per usare un termine più contemporaneo. Egli decisamente crede che l'Italia sia stata resa schiava e vituperata dagli eserciti stranieri proprio come conseguenza ultima della abitudine dei suoi governanti di fare affidamento sulle truppe mercenarie piuttosto che su eserciti di cittadini armati.

▲ Papa Martino V, Martino V, nato Ottone Colonna, Papa dal 1417 fino alla sua morte. Martino V durante i suoi anni espresse chiaramente un indirizzo antifiorentino

Possiamo con certezza affermare che proprio le parole del Machiavelli sono all'origine del *cliché* che vede la guerra condotta nell'Italia del Quattrocento come un raffinato, astuto ed incruento giuoco di parate e manovre portate avanti dai contendenti senza però arrivare a un vero e cruento scontro fisico, visione basata sul nulla – come abbiamo visto – ma che ancora suggestiona alcuni contemporanei, come si evince dal pezzo di colore del Corriere della Sera precedentemente citato. E' altresì vero che all'epoca vigeva una sorta di "codice d'onore" tra le parti, basato però su concrete e pragmatiche considerazioni economiche. Perdere degli uomini significava per il condottiero una perdita monetaria, e la stessa cosa si può affermare dei cavalli da guerra, uno dei quali costava n volte quanto uno normale. Il Micheletto Attendolo di Anghiari venne in precedenza accusato di praticare la "mala guerra", come veniva bollato il combattere al di fuori delle regole cavalleresche, per aver fatto in un dato episodio sbuzzare i cavalli nemici. Anche la presa di prigionieri era regolata da un codice d'onore, in base al quale il cavaliere catturato veniva successivamente di solito liberato dietro la promessa di un pagamento del relativo riscatto, promesse che solitamente venivano mantenute: non farlo, infatti, avrebbe significato essere considerati al di fuori delle regole che caratterizzavano il ristretto mondo dei condottieri dell'epoca, un mondo, a dispetto del divario tecnologico che ci separa da esso, i cui membri erano comunque noti e suscettibili di pagare pegno in caso di loro comportamenti considerati scorretti. Ovviamente tali cautele non si esercitavano nel caso di popolani o contadini arruolati frettolosamente alla bell'e meglio – il caso dei tanti anghiaresi e borghigiani presenti nello scontro – ma neanche spesso in caso di stranieri che venivano passati per le armi qualora non rappresentassero un valore certo: gli scoppiettieri alemanni citati in precedenza cambieranno alleanza proprio sotto la minaccia di venire eliminati a freddo.

Cronisti del passato come Flavio Biondo, Giovan Battista Poggio e Bartolomeo Platina, e più recentemente storici quali Willibald Block e Michael Mallett, si sono occupati della battaglia di Anghiari, ma è stato Machiavelli con le sue *Istorie* a monopolizzarne la percezione presso il pubblico generico o meno per generazioni a venire. Per una stima ragionata – ma non basata su fonti primarie – si può fare riferimento sul testo di Niccolò Capponi da noi spesso citato. Sebbene a tratti risulti poco convincente – quando ad esempio afferma che la Battaglia di San Romano, opera di Paolo Uccello esposta agli Uffizi di Firenze, abbia in realtà come soggetto il disarcionamento di Astorre Manfredi – risulta più persuasivo nello stimare le perdite registrate quel giorno. Egli stima sul campo essere rimasti

▲ Il successore di Papa Martino V, Eugenio IV nato Gabriele Condulmer nacque nel 1383, da nobile famiglia veneziana. Pose termine alla fazione contro Firenze ostacolando invece i disegni egemonici dei milanesi viscontei.

[...] Sessanta uomini d'arme milanesi e altri 400 avevano riportate ferite più o meno gravi. Altri ottanta furono i morti della cavalleria leggera milanese, un certo numero di costoro spirò nei giorni successivi alla battaglia; anche se le lesioni fatte con le armi da taglio erano più suscettibili a rimarginarsi rispetto a quelle prodotte dai proiettili, si può ragionevolmente pensare ad un tasso di mortalità del 50%. Considerando che oltre 900 viscontei, sia a piedi che a cavallo, caddero o rimasero feriti durante lo scontro, le perdite del Piccinino, prigionieri esclusi, devono essere state intorno al 30% del totale, un tasso equivalente a quello di alcune delle più sanguinose battaglie napoleoniche. Tra i collegati quaranta furono i cavalieri pesanti morti durante lo scontro e agli altri 200 toccarono ferite. Seicento cavalli delle due parti rimasero uccisi e forse sia gli alleati sia i milanesi avranno versato calde lacrime su questi cadaveri: a parte l'indiscusso legame esistente tra i cavalieri e i loro equini, la cattura o la perdita di una monta da oltre venti scudi poteva rappresentare un forte danno monetario per alcuni o un guadagno consistente per altri, poco o nulla sappiamo delle perdite subite dalle fanterie di entrambi gli schieramenti, dato che la scarsa rilevanza sociale ed economica dei pedoni non li rendeva meritevoli di essere menzionati nelle lettere ufficiali o nelle cronache[49].

---

49   Capponi, *La battaglia di Anghiari*, p. 168.

▲ Cavaliere fiorentino con le insegne di Micheletto Attendolo

IL SITO DELLA BATTAGLIA DI ANGHIARI, IPOTESI PER UN INTERVENTO ARCHEOLOGICO

Va innanzitutto premesso che il sito della battaglia di Anghiari oggi si trova in un luogo fortemente antropizzato. Non solo infatti è esso percorso e tagliato dalla moderna rete viaria, ma è anche destinato a varie attività produttive, di tipo agricolo, terziario, manifatturiero e turistico. Una ipotesi di intervento sul campo può essere formulata *ad hoc* ritagliandola per così dire su misura sulle caratteristiche fisiche, geografiche e storiche del sito, prendendo a modello un paio di esempi citati in precedenza, lo studio di Campillo e il sito di Burnswark.

Un intervento dovrebbe necessariamente partire da uno studio delle fonti storiche, innanzitutto Machiavelli ma anche Flavio Biondo, Giovan Battista Poggio e Bartolomeo Platina. Successivamente uno studio della cartografia storica condotto in archivio potrebbe dare buoni spunti, specialmente se rapportato dialetticamente con la cartografia dell'IGM. Tale studio andrebbe integrato da elementi reperiti tramite Google Earth ed anche tramite immagini scattate da drone se possibile, al fine di avere una completa mappatura, sia concettuale che geografica, dei siti della battaglia, siti che comunque non lasciano troppe zone d'ombra su dove effettivamente si sia svolta, siano essi quelli occupati dall'attuale Teatro dell'Accademia dei Ricomposti – accampamento di Micheletto Attendolo – oppure il luogo dove avvenne l'episodio del contrastato ponte, marcato dalla cappellina di "Santa Maria alla Vittoria" eretta nel 1441 dai fiorentini. All'interno è fissata una lapide posta nel 1906 a ricordo dell'evento.

Come affermato in precedenza, il ponte tanto conteso sopra la gora dell'Acquaviola non esiste più a causa dei successivi sviluppi economici che decretarono la trasformazione di tanti mulini in essiccatoi per il tabacco, coltivato in loco a partire dalla seconda metà del XVI secolo grazie al Vescovo Nicolò Tornabuoni, Nunzio di Papa Gregorio XIII e ambasciatore di Toscana alla Corte di Francia, che portò i semi a suo zio, Vescovo di Sansepolcro. Sopravvive invece un piccolo fosso d'acqua denominato Reglia dei Mulini. Il paesaggio è quindi da allora in parte mutato, e le controverse *Istorie* del Machiavelli ci forniscono comunque ulteriori dati interessanti per contestualizzare i luoghi ed i tempi della battaglia. Scrive Machiavelli: "davanti alla venuta del nemico, Piergiampaolo aveva fatto spianar le fosse che circondavano la strada ch'è tra il ponte e Anghiari". Questo passaggio ricorda come il territorio sia spesso un elemento plasmato dall'uomo fino a farlo divenire *paesaggio*, e come tale principio vada sempre tenuto presente per una corretta lettura dei luoghi. Sempre secondo lo scrittore fiorentino, la battaglia durò "dalle XX alle XXIV ore". In queste parole non si indica un numero di ore, bensì un orario, considerando che all'epoca si contavano le 24 ore di un nuovo giorno a partire dall'imbrunire. Tale passaggio starebbe quindi a significare che lo scontro abbia avuto inizio nel primo pomeriggio per terminare poi dopo appunto 4 ore di alterne vicende all'imbrunire.

A livello metodologico l'intervento di Burnswark potrebbe essere preso ad esempio, con opportune modifiche. Questa esperienza di scavo è stata giudicata particolarmente significativa e replicabile in quanto al momento tra le più aggiornate in termini di strumentazione e metodologia adottate. In essa, inizialmente, si è proceduto ad asportare lo strato più superficiale del terreno, in modo da rendere subito accessibile ai metal detector – la cui sensibilità su piccoli oggetti è comunque limitata – lo strato archeologico risalente più o meno all'epoca della battaglia, stimabile come quello presente grosso modo sotto i primi 10 cm di terreno. Per le zone arate, invece, tale accorgimento inziale sarebbe superfluo in quanto l'attività dei moderni aratri agricoli, purtroppo, sconvolge il terreno fino a notevoli profondità rendendo quindi superfluo tale intervento inziale. Vi sarà anzi da aspettarsi di trovare oggetti metallici risalenti alla battaglia in superficie, essendo stati nel corso degli anni portati alternativamente più in alto, oltre che spinti ancora più in basso, dall'azione stagionale dei lavori agricoli in occasione dell'aratura. Nei terreni adibiti attualmente ad uso agricolo, si potrebbe quindi operare subito lo scavo e la raccolta dei reperti, essendo questi de facto oramai decontestualizzati da qualsiasi strato archeologico. Ogni ritrovamento andrà comunque geolocalizzato per ottenere una mappatura completa di quanto ritrovato, in modo da fornire i "dati grezzi" per opportune, future elaborazioni.

In caso di strato archeologico non disturbato da scavi agricoli o da altre situazioni simili, una volta rimosso lo strato superficiale, si potrà agire segnalando con una opportuna bandierina i segnali considerati "pertinenti", in modo che i reperti ad esso relativi possano essere rimossi contestualmente allo scavo e alla registrazione della unità stratigrafica di appartenenza, in maniera rispettosa dell'attuale metodologia di scavo archeologico.

Nella classe dei "segnali pertinenti" andranno ascritti tutti quegli oggetti – nel nostro caso prevalentemente munizionamento di armi da tiro o se fortunati riconducibili al limitato numero di scoppietti e bombarde in azione quel giorno – in qualche modo standardizzati di interesse per questa ricerca. E' infatti importante, come si è visto per lo scavo di Burnswark, che i metal detector impiegati (di ultima generazione e tutti dello stesso modello) vengano tarati su oggetti provenienti almeno inizialmente da musei specializzati in armi – e quindi munizionamento in termini di frecce, verrettoni o palle di piombo – quattrocenteschi. Successivamente, qualora la ricerca sui campi arati dovesse dare buoni frutti, si potrà aggiornare tale taratura su oggetti così reperiti, in modo da fare una ricerca più specifica su classi di munizionamento peculiari a quello specifico scontro. Anche fatta la "tara" al vandalismo, agli agenti chimici e fisici ed alle attività umane succedutesi in secoli di storia, è lecito comunque aspettarsi un copioso numero di reperti riconducibili alla azione violenta di migliaia di soldati impegnati nel medesimo scontro. Come stato fatto nel caso di Burnswark, per tarare inizialmente gli strumenti, si potrebbe fare riferimento a reperti trovati nel territorio, a cominciare da quelli eventualmente giacenti presso i locali musei anghiaresi ed i rispettivi depositi. Sempre dallo scavo inglese è mutuabile l'idea di investigare ulteriormente con gli strumenti della archeologia sperimentale eventuali aspetti relativi alla efficacia delle armi e relative munizioni recuperate durante lo scavo e qualsiasi altra questione che possa essere affrontata da tale disciplina. Come illustrato da Campillo e dai suoi colleghi, una ricerca condotta perpendicolarmente rispetto alle direttrici di spostamento dei soldati, dovrebbe rendere un 30% di reperti in più rispetto ad una condotta parallelamente ad esse. Considerando quindi che lo scontro ebbe essenzialmente una direttrice NE-SO e SO-NE, una ricerca ottimale andrà quindi effettuata lungo direttrici NO-SE e viceversa.

Una volta recuperati e correttamente immessi su piattaforma GIS, tali reperti fornirebbero una formidabile e preziosa mappatura dello scontro oggetto di studio. Se identificati, piccoli accumuli di munizionamento di scoppietti starebbero ad indicare non solo la posizione occupata da soldati con essi armati, ma anche situazioni di particolare pressione psicologica da essi sperimentata, coerentemente con i risultati di Scott[50]. Sempre secondo Campillo e colleghi, un'arma da fuoco del tipo "archibugio" – come si è visto nella sezione ad essi dedicata – al di là dell'effetto psicologico, sarebbe riuscita a colpire il bersaglio solo nel 10% dei casi. Con questi parametri in mente non sarebbe allora difficile partendo dal numero di palle in piombo recuperate giungere a stime di: a) la totalità di palle sparate: b) quelle effettivamente andate a segno provocando la morte diretta o indiretta in seguito a complicazioni nel 50% dei casi. E' inoltre ragionevole stimare il tiro utile di tali armi entro i 50-70 metri, per cui proiettando questa distanza dai punti di eventuale concentrazione delle palle di piombo recuperate, si potrebbe proporre delle ipotesi basate su elementari considerazioni balistiche concernenti la disposizione dei tiratori e le loro direttrici di fuoco.

Nel caso di armi bianche quali archi e balestre, si potrebbe mappare su un semplice foglio excell la ipotesi di frecce e verrettoni sparati in relazione alla loro efficacia sui bersagli colpiti al variare di un coefficiente x di precisione, prendendo in esame le ipotesi in cui queste armi sarebbero state meno precise (poco probabile) o più precise (molto probabile) dei rudimentali scoppietti sopra citati. In altre parole, se si ipotizza che uno scoppietto colpiva il bersaglio in un caso su dieci, per archi e balestre tale parametro dovrà necessariamente essere più alto, così come la gittata utile, ricavabile questa ultima da studi specialistici o anche da esperimenti empirici. In una ottica di archeologia sperimentale, ad esempio, la locale Società dei Balestrieri di Sansepolcro[51] potrebbe dare spunti utili sulle caratteristiche

---

50   Scott, Fox, Connor, Harmon, *Archaeological Perspectives on the Battle of Little Bighorn*.
51   http://www.balestrierisansepolcro.it/

▲ Diorama della battaglia conservato nel museo di Anghiari

di queste armi, che noi sappiamo essere state maneggiate da balestrieri genovesi assoldati dai collegati. E' quindi convinzione dello scrivente che solo con questa classe di reperti – (a) palle di scoppietti, b) punte di frecce e c) punte di verrettoni da balestra – si potrebbe giungere ad una mappatura georeferenziata delle direttrici di forza dei contingenti impiegati, del loro numero, del loro possibile posizionamento, ed in ultima istanza ottenere una stima grezza ma concreta delle effettive perdite registrate quel giorno. Ogni ulteriore eventuale classe di reperto recuperato porterebbe ulteriori elementi di indagine e discussione, nonché di speculazione storica, all'argomento oggetto di questa tesi.

Nella successiva fase di studio dei reperti così mappati andrebbero ricordate alcune precauzioni emerse nelle esperienze simili citate. Una di esse, ad esempio, potrebbe essere quella che solo una parte delle munizioni effettivamente sparate o delle punte di frecce e verrettoni tirati potrà essere eventualmente recuperata, e l'identificazione di un congruo parametro da utilizzare in una proiezione numerica potrà stabilire quale fosse il numero totale di queste classi di munizioni effettivamente sparate o tirate, al netto delle azioni dell'uomo e della azione di degrado del campo di battaglia per cause chimiche.

Andrebbe inoltre sempre tenuto presente che l'accumulo di questi oggetti è da aspettarsi nel caso di "tiro teso" posizionato oltre i bersagli battuti, mentre la stessa considerazione non si applicherebbe in caso di tiro con archi o balestre effettuato sfruttando il secondo arco di una curva parabolica, ossia in caso di tiri ideati per colpire il nemico verticalmente dall'alto verso il basso.

Ulteriori campi di indagine interessanti a cui sottoporre i reperti eventualmente recuperati sono quelli dell'archeologia sperimentale e dell'analisi chimica degli stessi. Con la prima, accennata in occasione delle balestre impiegate ad Anghiari, si potrebbero affrontare eventuali problemi legati alla loro efficacia ed utilizzo. La seconda potrebbe rispondere a esigenze di identificare chiaramente provenienza e manifattura vera e propria dei reperti, aprendo ulteriori filoni d'indagine in termini di canali di approvvigionamento delle materie prime o dei semi-lavorati utilizzati. Specialmente le munizioni dei rudimentali "scoppietti" impiegati potrebbero fornire un interessante campo di indagine in questo senso, visto che si tratta di un argomento ancora non troppo conosciuto rispetto a quello delle successive armi da fuoco destinate a soppiantarli definitivamente.

Come è stato fatto per il sito scozzese di Burnswark, si potrebbero difatti riprodurre in piombo gli antichi proiettili di scoppietto eventualmente recuperati sul campo, al fine di condurre delle prove su gel balistico per simulare gli effetti che tali armi causavano contro nemici protetti in maniera diversa ed alle distanze più varie. Tali analisi potrebbero essere preziose nel capire quale fosse effettivamente il potenziale distruttivo di tali armi, in una più ampia ricerca sulle perdite registrate durante la battaglia.

▲ Cavaliere al servizio dei Visconti della fazione braccesca

PARTE SECONDA - IL CAMPO DI BATTAGLIA DI ANGHIARI OGGI

Come precedentemente ricordato, il sito della battaglia di Anghiari è oggi identificato con precisione. Demoliti o trasformati in essiccatoi i numerosi mulini allora presenti, la piana è oggi pesantemente antropizzata e costellata da casette, edifici commerciali e produttivi, strade che formano una fitta rete viaria. Il vecchio Ponte alle Forche che tanto sangue vide scorrere quel lontano 29 giugno, è stato demolito, e non esiste più nella sua forma originale, sebbene un piccolo canale irriguo ancora scorra sul luogo.

Marca il posto una umile e spartana cappellina, eretta già sul finire nel 1441, a ricordo della vittoria fiorentina. Nel pilastro di destra si legge la data *1440* con l'insegna della comunità; nell'altro è posto lo stemma **di R**anieri di Giuliano Forese, vicario fiorentino ad Anghiari nel periodo della battaglia..
La targa attuale è del 1906, ed il testo riprende un passo delle *Istorie Fiorentine* del Machiavelli:

> NELL'ADIACENTE PIANURA
> LE ARMI ALLEATE
> DELLA REPUBBLICA FIORENTINA E DEL PAPA EUGENIO IV
> IL 29 GIUGNO 1440
> RUPPERO IN CAMPALE GIORNATA
> LE SOLDATESCHE DEL DUCA DI MILANO
> GUIDATE DA NICCOLO'PICCININO
> ----------------------
> A RICORDO DEL FATTO
> CHE IL DIVINO LEONARDO ILLUSTRAVA
> VALGANO LE PAROLE DI NICCOLO'MACHIAVELLI
> "...NON RESTAVA PERTANTO AGLI NIMICI ALTRA VIA APERTA
> "AD ANDARE A TROVAR GLI AVVERSARI CHE LA DRITTA DEL
> "PONTE NE I FIORENTINI AVEVANO ALTROVE CH'AL PONTE A
> "COMBATTERE...E FU LA VITTORIA MOLTO PIU'UTILE PER LA
> "TOSCANA CHE DANNOSA PER IL DUCA PERCHE'SE I FIORENTINI
> "PERDEVANO LA GIORNATA ERA SUA........"
> MACHIAVELLI, IST. FIOR. L. V. XXXIII

Nella zona denominata "il borghetto", ossia l'attuale Piazza Mameli, si aprono i due musei del paese, il Museo Statale di Palazzo Taglieschi ed il Museo della Battaglia e di Anghiari, questo ultimo contenente una eclettica raccolta di elementi e reperti concernenti Anghiari ed il suo territorio, nonché un suggestivo plastico della battaglia che illustra le sue fasi e le truppe coinvolte secondo una ricostruzione proposta dai curatori. Non mancano informazioni e supporti audiovisivi concernenti il tema della famosa opera leonardesca.

Anghiari è agevolmente raggiungibile seguendo le indicazioni qui appresso riportate dal sito www.valtiberinaintoscana.it che contiene altre utili informazioni per il visitatore.

In auto:
Per chi proviene da Nord, le strade da percorrere sono:
- l'autostrada A14 fino a Cesena e poi prendere l'E45 in direzione Orte-Roma, uscita *Sansepolcro Sud*. Imboccare la Strada Statale 73 in direzione Arezzo.
- l'autostrada A1 fino ad Arezzo. Da qui seguire le indicazioni per la Valtiberina-Sansepolcro percorrendo la superstrada E78 e la Strada Statale 73. Da Arezzo è possibile arrivare ad Anghiari percorrendo anche la panoramica Strada Provinciale della Libbia SP 43.

- la Strada Statale 258 (Marecchiese) può essere una valida alternativa per godere dei bellissimi paesaggi dell'Appennino tosco-romagnolo (molti paesi della fascia appenninica oggi in Romagna all'epoca erano toscani). Arrivati a Sansepolcro, si devono seguire le indicazioni per Arezzo.

Per chi proviene da Sud:
- la E 45 in direzione Cesena fino a Sansepolcro, oppure l'A1 fino ad Arezzo.

In treno:
La stazione ferroviaria FS più vicina è ad Arezzo. Da qui si raggiunge la Valtiberina tramite trasporto pubblico.
La stazione ferroviaria di UmbriaMobilità, ferrovia regionale umbra, è situata a Sansepolcro (6 km da Anghiari) e collega direttamente la Valtiberina con Perugia.

In autobus:
Gli orari di collegamento con Arezzo e l'Alta Valle del Tevere Umbra sono consultabili su www.etruriamobilita.it

CONCLUSIONI

La battaglia di Anghiari rappresenta un punto di svolta della storia italiana, dato che è lecito supporre che un diverso esito avrebbe avuto pesanti ricadute sull'assetto politico dell'Italia di allora, divisa com'era tra stati troppo forti per essere definitivamente conquistati ma troppo deboli per conquistare gli altri.

I cronisti ed i documenti dell'epoca, che pur ci furono, hanno dovuto lasciare decisamente il passo alle celebri parole di Machiavelli ("...ed in tanta rotta ed in si lunga zuffa...") contenute nelle sue *Istorie*. Queste hanno finito per generare un *cliché* duro a morire, quello secondo il quale la guerra nell'Italia rinascimentale era poco più di una elegante quanto incruenta parata. La realtà osservando le cifre di tanti scontri era in realtà diversa, per cui lo scrivente ha pensato fosse interessante impiegare in un'ottica interdisciplinare strumenti e metodologie di una recente branca dell'archeologia – l'archeologia militare – al fine di affrontare e magari risolvere uno dei problemi che la battaglia di Anghiari solleva, quello delle effettive perdite. Dopo aver esaminato teoria e metodologia originariamente sviluppati per altri contesti storici, si è proposto un *modus operandi ad hoc* che nella convinzione dello scrivente potrebbe portare, se non alle risposte che si cercavano, senz'altro ad acquisire nuovi elementi di analisi e discussione per arricchire il dibattito sulla effettiva dimen-

▲ Busto di Astorre Manfredi, signore di Faenza, alleato dei Visconti ad Anghiari. Opera di di Mino da Fiesole, 1455.

▲ Cavaliere e armigero con le insegne di Micheletto Attendolo e di Firenze

sione delle perdite registrate quel giorno e sulle dinamiche tattiche seguite dalle unità militari impegnate. Benché le azioni distruttive di tante attività umane coniugate alla normale attività chimica e fisica presenti in natura si sospetta abbiano nei secoli fortemente degradato il sito, dato l'alto numero di attori coinvolti è lecito aspettarsi una mole tale di "dati" (reperti) adatta ad essere studiata per addivenire successivamente a concreti risultati scientifici.

In lingua italiana è al momento presente ben poco sull'argomento dell'archeologia militare, soprattutto in termini di pubblicazioni scientifiche su effettivi siti, essendo il materiale citato sul caso della battaglia del Trasimeno una eccezione. Si ritiene comunque che a breve tutto ciò cambierà, sia per via della velocità con cui il sapere accademico si diffonde oggi, sia per la ricchezza che la situazione italiana potenzialmente rappresenta in termini di siti di carattere militare da esplorare, medievali e non.

▲ Ritratto del cavaliere Giovanni Antonio Orsini del Balzo

La metodologia proposta è una ipotesi di lavoro comunque aperta ad aggiornamenti ed integrazioni, qualora venisse in futuro effettivamente impiegata sul campo, stanti i veloci progressi che la diagnostica utilizzata in archeologia sta compiendo in questo periodo storico.

Una tale ricerca non solo risponderebbe ad esigenze di conoscenza e ricerca accademica, ma potrebbe anche avere altri concreti e nobili scopi, quali la conservazione e la protezione del sito e il suo potenziale sfruttamento da parte di un pubblico, se non necessariamente colto e qualificato, almeno comunque rispettoso - nei numeri e negli atteggiamenti - del sito stesso.

▲ Astorre Manfredi con lo stendardo visconteo

▲ Cavaliere fiorentino sullo sfondo delle mura di Anghiari

APPENDICE
LA BATTAGLIA DI ANGHIARI NELLA DESCRIZIONE DI N. MACHIAVELLI

Dirizzatosi dunque Niccolò, con le schiere in battaglia, verso Anghiari, era già loro propinquo a meno di dua miglia, quando da Micheletto Attendulo fu veduto un grande polverio; e accortosi come gli erano i nimici, gridò all'arme.

Il tumulto nel campo de'Fiorentini fu grande, perché, campeggiando quelli eserciti per lo ordinario sanza alcuna disciplina, vi si era aggiunta la negligenzia, per parere loro avere il nimico discosto e più disposto alla fuga che alla zuffa; in modo che ciascuno era disarmato, di lungi dagli alloggiamenti, e in quel luogo dove la volontà, o per fuggire il caldo che era grande, o per seguire alcuno suo diletto, lo aveva tirato. Pure fu tanta la diligenza de'commissari e del capitano, che, avanti fussero arrivati i nimici, erano a cavallo e ordinati a potere resistere allo impeto suo. E come Micheletto fu il primo a scoprire il nimico, così fu il primo armato ad incontrarlo; e corse con le sue genti sopra il ponte del fiume che attraversa la strada non molto lontano da Anghiari.

E perché, davanti alla venuta del nimico, Pietrogiampaulo aveva fatto spianare le fosse che circundavano la strada che è tra il ponte e Anghiari, sendosi posto Micheletto allo incontro del ponte, Simoncino, condottiere della Chiesa, con il Legato, si mossono da man destra, e da sinistra i commissari fiorentini con Pietrogiampaulo loro capitano, e le fanterie disposono da ogni parte su per la ripa del fiume. Non restava per tanto agli nimici altra via aperta ad andare a trovare gli avversarii loro, che la diritta del ponte; né i Fiorentini avevono altrove che al ponte a combattere, eccetto che alle fanterie loro avevono ordinato che, se le fanterie nimiche uscivano di strada per essere a'fianchi delle loro genti d'armi, con le balestra le combattessero, acciò che quelle non potessero ferire per fianco i loro cavalli che passassero il ponte.

Furono per tanto le prime genti che comparsono da Micheletto gagliardamente sostenute, e non che altro, da quello ributtate; ma sopravenendo Astor e Francesco Piccinino con gente eletta, con tale impeto in Micheletto percossono, che gli tolsono il ponte e lo pinsono infino al cominciare dell'erta che sale al borgo di Anghiari; di poi furono ributtati e ripinti fuori del ponte da quelli che dai fianchi gli assalirono.

Durò questa zuffa due ore, che ora Niccolò, ora le genti fiorentine erano signori del ponte. E benché la zuffa sopra il ponte fusse pari, non di meno e di là e di qua dal ponte con disavvantaggio grande di Niccolò si combatteva.

Perché, quando le genti di Niccolò passavano il ponte, trovavano i nimici grossi, che, per le spianate fatte, si potevono maneggiare, e quelli che erano stracchi potevono dai freschi essere soccorsi; ma quando le genti fiorentine lo passavano, non poteva commodamente Niccolò rinfrescare i suoi, per essere angustiato dalle fosse e dagli argini che fasciavano la strada: come intervenne, perché molte volte le genti di Niccolò vinsono il ponte, e sempre dalle genti fresche degli avversarii furono ripinte indietro, ma come il ponte dai Fiorentini fu vinto, talmente che le loro genti entrorono nella strada, non sendo a tempo Niccolò, per la furia di chi veniva e per la incommodità del sito a rinfrescare i suoi, in modo quelli davanti con quelli di dietro si mistorono, che l'uno disordinò l'altro, e tutto lo esercito fu constretto mettersi in volta e ciascuno, sanza alcuno rispetto, si rifuggì verso il Borgo.

I soldati fiorentini attesono alla preda; la quale fu, di prigioni, di arnesi e di cavagli, grandissima, perché con Niccolò non rifuggirono salvi mille cavalli. I Borghigiani, i quali avevono seguitato Niccolò per predare, di predatori divennono preda, e furono presi tutti e taglieggiati; le insegne e i carriaggi furono tolti.

E fu la vittoria molto più utile per la Toscana, che dannosa per il Duca; perché, se i Fiorentini perdevono la giornata, la Toscana era sua; e perdendo quello, non perdé altro che le armi e i cavagli del suo esercito; i quali con non molti danari si poterono recuperare. Né furono mai tempi che la guerra che si faceva ne'paesi d'altri fusse meno pericolosa per chi la faceva, che in quelli.

▲ Vista delle mura di Anghiari

E in tanta rotta e in sì lunga zuffa, che durò dalle venti alle ventiquattro ore, non vi morì altri che uno uomo; il quale, non di ferite o d'altro virtuoso colpo, ma caduto da cavallo e calpesto espirò: con tanta securtà allora gli uomini combattevano, perché, sendo tutti a cavallo, e coperti d'arme, e securi dalla morte qualunque volta e'si arrendevano, non ci era cagione perché dovessero morire, defendendogli nel combattere le armi, e quando e'non potevono più combattere, lo arrendersi.

(*Istorie Fiorentine*, V, 33).

▲ Stemma del condottiero Sforza-Attendolo

APPENDICE II

IL PERDUTO AFFRESCO LEONARDESCO DELLA BATTAGLIA DI ANGHIARI IN PALAZZO VECCHIO

La vittoria della Battaglia di Anghiari fu estremamente importante per i Fiorentini che, per celebrarla, nel 1503 incaricarono Leonardo da Vinci di realizzare un affresco per una delle sale di Palazzo della Signoria, l'attuale Palazzo Vecchio.

Leonardo e Michelangelo, si trovarono nell'aprile del 1503 a doversi affrontare direttamente sul terreno della pittura, perché ricevettero entrambi dal gonfaloniere a vita di Firenze, Pier Soderini, l'incarico di affrescare due grandi pareti una accanto all'altra, nel salone del consiglio comunale a Palazzo Vecchio. Entrambi dovevano dipingere due vittorie fiorentine: Leonardo appunto quella di Anghiari, Michelangelo quella di Càscina.

La parete di sinistra era quella riservata a Michelangelo, quella di destra invece a Leonardo; i due dipinti dovevano essere alti 7 metri e larghi 17.

Michelangelo della sua Battaglia di Cascina realizzò solo il cartone poi andato perduto, ma una copia dello stesso realizzata dal suo discepolo Aristotele da Sangallo è giunta fino a noi.

Leonardo progettò un dipinto di grandi dimensioni, con scene della battaglia, da realizzare sulla parete destra dell'attuale Salone dei Cinquecento.

Ne suo *Le vite de più eccellenti pittori, scultori e architettori*, Giorgio Vasari nella biografia di Leonardo da Vinci testimonia:

...Per la eccellenzia dunque delle opere di questo divinissimo artefice, era tanto cresciuta la fama sua, che tutte le persone che si dilettavano de l'arte, anzi la stessa città intera disiderava ch'egli le lasciasse qualche memoria; e ragionavasi per tutto di fargli fare qualche opera notabile e grande, donde il pubblico fusse ornato et onorato di tanto ingegno, grazia e giudizio, quanto nelle cose di Lionardo si conosceva. E tra il gonfalonieri et i cittadini grandi si praticò che essendosi fatta di nuovo la gran sala del consiglio, l'architettura della quale fu ordinata col giudizio e consiglio suo, di Giuliano S. Gallo e di Simone Pollaiuoli detto Cronaca e di Michelagnolo Buonarroti e Baccio d'Agnolo (come a'suoi luoghi più distintamente si raggionerà). La quale finita, con grande prestezza fu per decreto pubblico ordinato, che a Lionardo fussi dato a dipignere qualche opera bella; e così da Piero Soderini, gonfaloniere allora di giustizia, gli fu allogata la detta sala.

E ancora:

Per il che volendola condurre Lionardo, cominciò un cartone alla sala del papa, luogo in S. Maria Novella, dentrovi la storia di Niccolò Piccinino, capitano del duca Filippo di Milano, nel quale disegnò un groppo di cavalli che combattevano una bandiera, cosa che eccellentissima e di gran magisterio fu tenuta per le mirabilissime considerazioni che egli ebbe nel far quella fuga. Perciò che in essa non si conosce meno la rabbia, lo sdegno e la vendetta negli uomini che ne'cavalli; tra quali due intrecciatisi con le gambe dinanzi non fanno men guerra coi denti, che si faccia chi gli cavalca nel combattere detta bandiera, dove apiccato le mani un soldato, con la forza delle spalle, mentre mette il cavallo in fuga, rivolto egli con la persona, aggrappato l'aste dello stendardo, per sgusciarlo per forza delle mani di quattro, che due lo difendono con una mano per uno, e l'altra in aria con le spade tentano di tagliar l'aste; mentre che un soldato vecchio con un berretton rosso, gridando, tiene una mano nell'asta e con l'altra inalberato una storta, mena con stizza un colpo, per tagliar tutte a due le mani a coloro, che con forza digrignando i denti, tentano con fierissima attitudine di difendere la loro bandiera; oltra che in terra fra le gambe de'cavagli v'è due figure in iscorto, che combattendo insieme, mentre uno in terra ha sopra uno soldato, che alzato il braccio quanto può, con quella forza maggiore gli mette alla gola il pugnale, per finirgli la vita: e quello altro con le gambe e con le braccia sbattuto, fa ciò che egli può per non volere la morte. Né si può esprimere il disegno che Lionardo fece negli abiti de'soldati, variatamente variati da lui; simile i cimieri e gli altri ornamenti, senza la maestria incredibile che egli mostrò nelle forme e lineamenti de'cavagli: i quali Lionardo meglio ch'altro maestro fece, di bravura, di muscoli e di garbata bellezza.

▲ Battaglia di Anghiari. Disegno di G. Edelinck Gerard

Il Gonfaloniere della Repubblica fiorentina Pier Soderini (Firenze, 18 maggio 1450 – Roma, 13 giugno 1522) nel 1503 diede l'incarico a Leonardo da Vinci di dipingere in una parete della Sala del Consiglio. Quanto era grande l'affresco di Leonardo? Non possiamo saperlo esattamente poiché il muro è stato completamente rifatto da Vasari e non ci sono rimasti documenti a riguardo. E' però possibile fare delle supposizioni. Nel 1503 il soffitto era più basso rispetto all'attuale ed erano presenti alcune finestre poi murate. Facendo alcuni calcoli, è possibile stabilire le dimensioni a disposizione di Leonardo. In tutto lo spazio "libero" era di circa 20 metri di larghezza e 10 metri di altezza. Calcolando dunque gli spazi, le pareti, le finestre dell'epoca, le panche e il soffitto, Leonardo si trovò davanti a una superficie utile di quasi 200 metri quadri. A tal proposito, all'Ashmolean Museum si trova un disegno molto importante: si tratta del volto del condottiero, identico nella posizione e nelle sembianze al disegno di Rubens. Alcuni considerano questo disegno di mano di Leonardo, altri che si tratti di una copia di qualche assistente per vari motivi. La cosa più importante di questo disegno sono le dimensioni e la tecnica. Il foglio è grande circa 50 x 37 cm ed è un "classico" schizzo per i cartoni preparatori per gli affreschi. Non c'è motivo di dubitare che questo sia un pezzo del cartone preparatorio o una sua copia in scala 1:1. Grazie a questa informazione è possibile "dimensionare" correttamente il gruppo dipinto da Rubens e portarlo alla grandezza reale. La composizione riportata virtualmente sul muro "virtuale" risulta di "soli 5 x 3 metri. Va detto che in alcuni documentari fu ricostruita e adattata la composizione di Rubens alle dimensioni dell'intera parete di Vasari (12 metri), cosa assolutamente ridicola[1].

A proposito di detta figura, finora non si è considerato, per quanto ne sappiamo, l'aspetto più appariscente, la berretta rossa, che negli eserciti del XV secolo serviva ad identificare la figura dei condottieri- si pensi al ritratto di Hawkwood di Paolo Uccello, a quello di Niccolò da Tolentino nel trittico

---

[1] https://leonardodavinciteatro.wordpress.com/category/la-battaglia-di-anghiari/anghiari-3-parte/

della battaglia di San Romano, dove lo stesso Micheletto indossa una berretta di broccato bianco e rosso, non essendo il comandante in capo, o ancora al monumento equestre allo stesso da Tolentino di Andrea del Castagno: detto copricapo rosso- la *berretta alla capitanesca*, appunto- che poteva essere rigido (come nel ritratto di Federigo da Montefeltro di Pietro della Francesca, o in quelli di Francesco I Sforza, p.e. quello del Bembo) o più morbido (Hawkwood, Tolentino, etc) era infatti, col bastone di comando, il segno distintivo del grado, immediatamente visibile da ogni parte del campo di battaglia, descritto molto bene dal Campano nella Vita di Braccio da Montone come *una berretta rossa e tonda che quanto più s'innalzava sul capo, tanto più si giva allargando*: si deve trattare quindi senza alcun dubbio di Micheletto Attendolo, accanto al quale era posizionato lo stendardo fiorentino durante la battaglia.
[...] nella "Vita" del Fortebraccio dal Campano [...] si dice che il condottiero portava: "*una berretta rossa e tonda, che quanto più s'innalzava dal capo, tanto più si giva allargando*". La "berretta alla sforzesca" ricordata nell'abbigliamento dei giovani veneti della Compagnia della Calza è dunque la stessa cosa poiché la vediamo in capo a tutti gli Sforzeschi, da Francesco al Moro, e forse coincide con la "berretta alla carmagnola". L'uso ne era abbastanza esteso perché la si trova iscritta varie volte negli inventari. Il condottiero Francesco Bussone, detto il Carmagnola la porta in capo quando va a morte, e la troviamo ricordata nel suo abbigliamento funerario. Così la vediamo nei ritratti del Colleoni a Malpaga, ed è uguale a quella di Francesco Sforza. La stessa forma di berretta porta il Gonzaga che riceve il figlio cardinale, Francesco, di ritorno da Roma, nell'affresco del Mantegna al Palazzo Ducale di Mantova[2].

Lo stesso Vasari nel salone dei Cinquecento riprese la *berretta alla capitanesca* indossata da Micheletto per ritrarre Antonio Giacomini, il condottiere fiorentino che conquistò Pisa, e protagonista di una vicenda alquanto singolare: nel corso dell'assedio alla sua storica rivale, gli pervenne un dispaccio dalla Signoria, che egli ignorò del tutto. Sembra che lo riponesse direttamente nel risvolto del suo copricapo rosso, dando corso al proposito che si era già prefissato, ossia quello di far aprire agli artiglieri una breccia nelle mura pisane con le bombarde: quindi per Vasari era essenziale caratterizzare la berretta di Giacomini. Il fatto che sia la stessa berretta alla capitanesca presente nella Battaglia leonardesca non è certo un caso e conferma la nostra identificazione della figura dipinta dal Vinci con Micheletto: e del resto nella posa del condottiero con la sciabola alla turca sguainata Leonardo riprende, o, per dir meglio cita quasi letteralmente, il Micheletto Attendolo come ritratto da Paolo Uccello nella battaglia di San Romano, anche lì con berretta e con braccio destro levato e piegato, con la spada sguainata
Lo studioso tedesco Johann Gaye nel suo *Carteggio inedito d'artisti dei secoli XIV. XV. XVI.* (9) dell'anno 1840, *essendo di somma importanza ogni minuta particolarità che riguardi tal opera e tal uomo* pubblicò il risultato di una ricerca personale negli archivi storici dove sono conservati i manoscritti circa gli *stanziamenti agli operai del Palazzo e della Sala del Consiglio*, ossia una lista di voci che sono appunto alcune delle spese sostenute dalla Repubblica fiorentina, compensi e pagamenti per materiali di ogni sorta per consentire a Leonardo di affrescare la Battaglia di Anghiari: quarantacinque fiorini d'oro vennero pagati a Leonardo da Vinci il 30 giugno 1504 come provvigione per tre mesi di lavoro, cinque al pittore suo aiuto Ferrando Spagnolo, sedici lire a Maestro Antonio di Giovanni, muratore e si continua fino all'ultima voce , quella del 30 aprile 1513 quando Francesco di Chappello, falegname, venne retribuito con 8 lire per costruire un'armatura di legno per proteggere *le figure dipinte nella sala grande , per difenderle che non sieno guaste*. Nel Manoscritto Madrid II, a pagina 1r, si trova l'unico scritto di Leonardo relativo al dipinto della Battaglia di Anghiari. Al centro della pagina si legge:
Addì 6 di giugno 1505 in venerdì, al tocco delle 13 ore, cominciai a colorire in palazzo. Nel qual punto del posare il pennello, si guastò il tempo e sonò a banco, richiedendo li omini a ragione. Il cartone si stracciò, l'acqua si versò, e ruppesi il vaso dell'acqua che si portava. E subito si guastò il tempo e piovve insiano a sera acqua grandissima. E stette il tempo come notte.

Da queste poche righe di Leonardo sappiamo che il giorno 6 giugno del 1505 Leonardo cominciò a

---

2   R. L. Pisetzky, *Storia del costume in Italia*, vol. II, Milano, 1964, p.355.

colorire a Palazzo Vecchio, a Firenze. A causa del forte vento della tempesta in arrivo si ruppe il cartone. Quindi Leonardo aveva già posizionato il cartone preparatorio e iniziò a colorare la Battaglia di Anghiari. Non sappiamo se dopo la tempesta continuò il suo lavoro o proprio a causa di questo evento il lavoro si fermò per sempre. Prendendo spunto da alcuni scritti di Plinio il Vecchio, Leonardo decise di utilizzare per l'affresco la tecnica romana dell'*encausto*. Il fissaggio dei colori, secondo questo metodo, si ottiene tramite una fortissima fonte di calore, che Leonardo cercò di creare facendo allestire sotto il suo affresco dei grossi braceri. La procedura purtroppo non ebbe l'esito sperato dall'artista: non si riuscì a distribuire in modo uniforme il calore sull'affresco, probabilmente a causa delle sue grandi dimensioni, e l'opera venne danneggiata in modo (forse) irrimediabile.

Lionardo da Vinci fu nel tempo di Michele Agnolo: et di Plinio cavò quello stucco con il quale coloriva, ma non l'intese bene: et la prima volta lo provò in uno quadro nella Sala del Papa che in tal luogo lavorava, et davanti a esso, che l'haveva appoggiato al muro, accese un gran fuoco, dove per il gran calore di detti carboni rasciughò et seccò detta materia: et di poi la volse mettere in opera nella Sala, dove giù basso il fuoco agiunse e secchola: ma lassù alto, per la distantia grande non vi aggiunse il calore et colò[3].

E Giorgio Vasari:

Et imaginandosi di volere a olio colorire in muro, fece una composizione d'una mistura sì grossa, per lo incollato del muro, che continuando a dipignere in detta sala, cominciò a colare, di maniera che in breve tempo abbandonò quella, vedendola guastare.

L'affresco della Battaglia di Anghiari rimase tuttavia visibile per parecchi anni- per questo Vasari, che ebbe modo di studiarlo attentamente mentre preparava il suo affresco della Battaglia di Marciano, destinato proprio a sostituire quello vinciano, ne poté dare una testimonianza così precisa, e diversi pittori, tra i quali Rubens, lo riprodussero. E' grazie a queste riproduzioni che ancora oggi abbiamo testimonianza di questa grande opera di Leonardo, scomparsa in seguito alla trasformazione della Sala effettuate dal Vasari tra il 1555 ed il 1572, ed è la prova che lungi dall'essere andato perduto totalmente l'affresco era visibile e abbastanza ben conservato; sarebbe potuto essere rimesso a posto senza soverchie difficoltà dal da Vinci, come invano disposto dal Soderini: ma Leonardo preferì lasciare Firenze.
A differenza delle precedenti rappresentazioni di battaglie, Leonardo compose i personaggi come un turbine vorticoso, che ricordava le rappresentazioni delle nubi in tempesta. L'affresco rappresentava cavalieri e cavalli animati in una zuffa serrata, contorti in torsioni ed eccitati da espressioni forti e drammatiche, tese a rappresentare lo sconvolgimento della "pazzia bestialissima" della guerra, come la chiamava l'artista. I personaggi della scena, infatti, lottano instancabilmente per ottenere il gonfalone, simbolo della città di Firenze. Quattro cavalieri si stanno contendendo la massiccia asta: quello in primo piano la prende di schiena torcendosi animatamente, quelli centrali si scontrano direttamente sguainando le spade, mentre i loro cavalli sbattono il muso l'uno con l'altro; un ultimo si scorge appena in secondo piano, col cavallo che spalanca il morso come a strappare l'estremità dell'asta. Tre fanti si trovano in terra, atterrati e colpiti dagli zoccoli dei cavalli: due al centro, uno sopra all'altro, e uno in primo piano, che cerca di coprirsi con uno scudo.

Si ha infatti un'idea precisa di come dovesse essere l'affresco della Battaglia di Anghiari soprattutto grazie alla già menzionata copia di Rubens, eseguita nel 1603. Rubens che, tuttavia, non può non aver interpretato da par suo proponendoci un Leonardo certamente rivisitato. Gli studiosi, rilevati pochi schizzi e frettolosi disegni di studio e o preparatori del Vinci medesimo, considerano e tengono conto di altre copie degne di un qualche significato. Ecco l'elenco delle principali:

– Raffaello Sanzio, disegno, 1504 ca., oggi all'Ashmolean Museum, Oxford. Schizzo frettoloso, quasi rubato, che deriva, probabilmente, dalla visione degli appunti di Leonardo;

– Tavola Doria: secondo alcuni, è la testimonianza più diretta e pregnante dell'opera di Leonardo che l'avrebbe addirittura realizzata. Secondo altri sarebbe *un'opera scolastica, goffa, meccanica, ripetitiva,*

---

[3] Anonimo Gaddiano, Cod. Magliab. XVII, 17, Biblioteca Nazionale Centrale, Firenze

▲ Battaglia di Anghiari. Copia degli Uffizi, disegno attribuito a Leonardo

d'infima qualità...
La Tavola, sparita da Napoli nel 1940, e che si conosceva attraverso le foto, è recentemente ricomparsa e restituita all'Italia dal Fuji Art Museum di Tokyo;
– Copia Rucellai (oggi in una collezione privata milanese), che, secondo parte della critica, sarebbe un bozzetto da attribuire allo stesso Leonardo;
– Copia degli Uffizi, disegno attribuito a Leonardo, (ma da alcuni attribuito ad anonimo del XVI sec.);
– Palazzo Vecchio, copia di anonimo del XVI sec.;
– Palazzo Vecchio (coll. Loeser) zuffa di cavalieri, dipinto su embrice di anonimo di fine sec XVI inizio XVII, da Federico Zeri ricondotta alla Battaglia di Anghiari.
– Museo Horne (Firenze): Copia di anonimo del XVI sec.;
– Lorenzo Zacchia, incisione del 1588;
– Gerard Edelinck, disegno e incisione, oggi al Fogg Art Museum, Harvard University il disegno porta la data del 1657, l'incisione del 1660
– Antonio Fedi e Matteo Carboni, incisione del 1781-1785

Tutte le copie, anche quelle che non abbiamo citato, sono riferite a quella che possiamo immaginare la parte centrale del perduto lavoro di Leonardo e o a parte di essa. Più precisamente, quella che raffigura un gruppo di cavalieri in lotta per lo stendardo di Micheletto Attendolo. Si tratta di copie che, unitamente a quella di Rubens, il quale fu in Italia per circa quindici anni ai primi del Seicento, sono originate – almeno le più vecchie – certamente dall'affresco e dal cartone leonardesco, ma che seppur simili nelle linee essenziali non sono neanche tanto concordi nei particolari e mostrano l'un l'altra delle varianti dovute alla libertà e qualità del copista o, forse, alla necessità dei copisti di dover interpretare un modello – il cartone di Leonardo – in stato di pesante degrado.

In questo proposito cadde in sul ragionar di Michelagnolo Buonarroti; che ne fu causa un disegno che io avevo fatto, ritratto da un cartone del divinissimo Michelagnolo. Questo cartone fu la prima bella opera che Miche-

▲ Peter Paul Rubens - Copia della Battaglia di Anghiari anno-1603, copia dell'omonima opera di Leonardo da Vinci. Michele Attendolo è raffigurato nel centro col berretto largo

lagnolo mostrò delle maravigliose sue virtú, e lo fece a gara con uno altro che lo faceva: con Lionardo da Vinci; che avevano a servire per la sala del Consiglio del palazzo della Signoria. Rappresentavano quando Pisa fu presa da'Fiorentini; e il mirabil Lionardo da Vinci aveva preso per elezione di mostrare una battaglia di cavagli con certa presura di bandiere, tanto divinamente fatti, quanto imaginar si possa. Michelagnolo Buonarroti, in nel suo dimostrava una quantità di fanterie che per essere di state s'erano missi a bagnare in Arno; e in questo istante dimostra ch'e'si dia a l'arme, a quelle fanterie ignude corrono a l'arme, e con tanti bei gesti, che mai né delli antichi né d'altri moderni non si vidde opera che arrivassi a cosí alto segno; e sí come io ho detto, quello del gran Lionardo era bellissimo e mirabile. Stetteno questi dua cartoni, uno in nel palazzo de'Medici, e uno alla sala del Papa. In mentre che gli stetteno in piè, furno la scuola del mondo.

(Benvenuto Cellini, *Storia della sua vita*)

La scritta CERCA TROVA dipinta su di uno stendardo verde nell'affresco di Giorgio Vasari ed aiuti *La battaglia di Marciano in Val di Chiana*, è stata interpretata da alcuni ricercatori come un'esortazione a "cercare e trovare" proprio l'affresco di Leonardo da Vinci[4]. Per comprenderne il vero significato bisogna parlare della battaglia di Marciano: si tratta semplicemente delle bandiere verdi dei repubblicani fiorentini di Bindo Altoviti che a Marciano combatterono contro Cosimo: la frase [CHI] CERCA TROVA- il CHI è coperto dal corpo di un soldato- fa riferimento ai versi danteschi *Libertà vo cercando ch'è sì cara*[5]. Lo scontro di Marciano viene descritto con dovizia di particolari nelle *Istorie Fiorentine* del-

---

4   Per un'interpretazione assai più attendibile del motto, cfr https://www.academia.edu/8835382/A_Musci_A_Savorelli_Giorgio_Vasari_cerca_trova._La_storia_dietro_il_dipinto.
5   Purgatorio 1, 71.

lo storico fiorentino Bernardo Segni (1504-1558), che descrive anche alcune delle bandiere portate dagli avversari dei fiorentini: ed è qui che iniziamo a capire che quel CERCA TROVA si riferisce a tutt'altro che all'affresco leonardesco! Scrive Bernardo Segni, a proposito dei giovani fuoriusciti fiorentini che combattevano al fianco dei senesi e dei francesi:

A questi il re Enrico di Francia per più animargli in questo proposito, aveva donate loro venti bandiere, le quali erano di colore verde, entrovi scritto il nome di libertà con quel verso di Dante: Libertà vo cercando, ch'è sì cara.

Una bandiera verde, come quella dipinta da Vasari, e con un motto che non è poi così dissimile da quello che leggiamo sull'affresco. E sappiamo inoltre che altre bandiere, anch'esse verdi, recavano altri motti inneggianti alla libertà di Firenze (intesa come libertà dai Medici), per esempio la scritta *Libertas* o la sigla SPQF (*Senatus Popolusque Florentinus*, il senato e il popolo fiorentino). Ma perché Vasari ha deciso di scrivere CERCA TROVA e non l'intero verso dantesco che secondo Segni decorava le bandiere dei ribelli? Nel 1969 lo storico dell'arte Lionello Giorgio Boccia pubblicava sulla rivista *L'Arte* un saggio intitolato *Un inedito dello Stradano: la Rotella Odescalchi* all'interno del

▲ Il motto [Chi] Cerca Trova, in cui si è voluta vedere una allusione alla battaglia leonardesca, ma che si riferisce ironicamente alle bandiere dei fuoriusciti repubblicani fiorentini

quale si faceva riferimento non soltanto all'affresco di Vasari rappresentante la battaglia di Marciano della Chiana, ma anche alle bandiere portate dagli schieramenti, tra le quali ovviamente quella verde con la scritta CERCA TROVA. Ma leggiamo cosa scriveva Boccia a proposito delle bandiere:

Altre, numerose, sono verdi ed erano, come si è visto, quelle dei fuoriusciti fiorentini antimedicei. Queste bandiere verdi compaiono anche nel grande affresco vasariano, ma al posto del LIBERTAS S.P.Q.F. che vi doveva comparire, una di esse (la penultima verso l'estrema ala sinistra dello Strozzi) è iscritta, con pesante ironia, 'chi cerca trova', per alludere alla falsa ricerca di libertà dei fuoriusciti, divenuti strumento straniero e che ora trovavano il giusto castigo.

Dunque la frase che molti vorrebbero come prova inconfutabile del fatto che Vasari abbia nascosto la Battaglia di Anghiari sarebbe in realtà un motto sarcastico, un motto di scherno nei confronti di un gruppo di esuli ribelli (considerati ovviamente traditori di Firenze) che combattendo al fianco di Siena cercavano un modo per liberare Firenze dai Medici, e per quella libertà che avevano cercato, avevano in cambio trovato una durissima punizione, perché molti a seguito dello scontro furono fatti prigionieri, portati a Firenze e quindi giustiziati. Ecco quindi spiegato il senso di quel [CHI] CERCA TROVA inserito sul drappo verde, a dispetto di chi ancor oggi avanza teorie più o meno strampalate: su internet si legge, ad esempio:

Nel marzo 2012 il sottoscritto si è imbattuto in quella vicenda in modo assolutamente casuale e notando in verità da subito che tanto dal punto di vista della forma, quello dal lessico e della grammatica, quanto quella scritta fosse stata un'evidente forzatura perché Giorgio Vasari (Arezzo, 30 luglio 1511 – Firenze, 27 giugno 1574) o uno dei suoi aiuti, avrebbe dovuto e potuto scrivere "CHI CERCA TROVA" op-

pure "CERCA E TROVA", ovvero le forme corrette di quel motto e riportate anche nelle edizioni del "Vocabolario degli Accademici della Crusca " del XVII secolo [e si è visto come le cose stiano altrimenti, ndA]. Soldati ed armature, lance e spade, cavalli e stendardi, la mente è confusa e l'occhio di chi guarda è distratto dai tanti particolari ritratti nell'affresco ma il significato di quella scritta non va cercato in ciò che è dipinto tutto attorno ad essa ma in ciò che manca: un pronome ed una congiunzione.bDa sempre interessato ai giochi di parole ed a quelli matematici, chi scrive ha interpretato quella incongruenza lessicale del messaggio come una sorta di licenza poetica atta a giustificare un anagramma, risolvendo subito l'enigma con le parole TORRE VACCA, l'antico nome della torre di Palazzo Vecchio, nome in uso proprio in quegli anni in cui Giorgio Vasari affrescava ed abbelliva il Salone dei cinquecento (...) La modesta ricerca condotta dal sottoscritto rafforza l'ipotesi che la scritta CERCA TROVA possa trattarsi di un messaggio, una "cifratura", un'indicazione davvero riferita alla Battaglia di Anghiari di Leonardo da Vinci, opera forse traslata da un parete del Salone dei Cinquecento per far posto ad altre opere e nascosta nella Torre della Vacca durante i grandi lavori di restauro del Palazzo della Signoria o forse occultata dagli stessi fiorentini nei giorni del crepuscolo della Repubblica poco tempo prima del ritorno dei Medici a Firenze e poi riscoperta in maniera casuale ai tempi della ristrutturazione del Palazzo[6].

E ciò perché

In definitiva quei sei affreschi sono uno straordinario esempio di propaganda e da questo punto di vista non è difficile immaginare i motivi per cui La battaglia di Anghiari di Leonardo non avrebbe mai potuto trovare alcuna collocazione in alcun palazzo o edificio mediceo: era il dipinto del maestro più grande a cui Dio stesso fece dono delle capacità, era l'opera che affascinò e sconvolse gli artisti contemporanei, era come un magnete che attirava sguardi e catalizzava l'attenzione ma che purtroppo raccontava le gesta eroiche dei nemici, una vittoria del governo popolare e negli anni di Giorgio Vasari fresche erano ancora le ferite e vivi erano l'odio ed il ricordo della guerra fratricida tra la Repubblica e i Medici tiranni.

Basterebbe citare il passaggio che l'Enciclopedia Italiana del 1929 dedica alla battaglia di Anghiari per demolire la lunga ricerca alla base, prescindendo dall'assurdità del [CHI] CERCA TROVA/ TORRE VACCA:

Un esercito visconteo condotto da N. Piccinino attaccò ad Anghiari milizie di Firenze e del papa: ma fu vinto (29 giugno 1440). Questa vittoria segnò l'inizio della potenza medicea[7].

Sarebbe infatti bastato conoscere a livello elementare la storia di Firenze e di Cosimo il Vecchio, sapere che ad Anghiari era presente Bernadetto de'Medici per evitare simili castronerie: per i Medici Anghiari costituiva una gloria familiare[8]! Ma torniamo a cose più serie. Le fonti storiche sono concordi nel ritenere che Leonardo dipinse l'opera in una delle pareti della Sala del Consiglio ma nessuna certezza c'è in merito a quale sia stata la parete prescelta ed alle effettive dimensioni del dipinto. Rarissime le testimonianze dirette ed attendibili, molto importante però quella di Paolo Giovio :

Rimane inoltre nella sala consigliare di Firenze una rappresentazione oltremodo apprezzabile di una battaglia vinta contro i pisani. Purtroppo fu iniziata in modo infelice malgrado ci fosse un difetto di tenuta del colore sugli

---

6   http://www.terraincognitaweb.com/liscrizione-cerca-trova-e-la-ricerca-de-la-battaglia-di-anghiari-di-leonardo/
7   A. Mori, C. Lazzeri, *Anghiari*, in Enciclopedia Italiana, I, Roma 1929, s.v.
8   Sarebbe bastata una semplice ricerca in rete, per esempio su *wikipedia* alla voce *Cosimo de'Medici*: 1434-1447: la politica antiviscontea e la battaglia di Anghiari
In politica estera, Cosimo continuò la tradizionale politica d'alleanza con Venezia contro Milano, governata dai Visconti. In quel momento era duca Filippo Maria Visconti (1414-1437) il quale, spinto sia dalle ambizioni di ricostruire il vasto dominio del padre Giangaleazzo, ma anche dalle insistenze degli esuli fiorentini ostili a Cosimo, rinnovò la guerra contro Firenze. Il Duca, nel 1435, mandò l'esercito guidato da Niccolò Piccinino in soccorso di Lucca, all'epoca nemica di Firenze. Firenze, estremamente debole dal punto di vista militare, fu salvata grazie all'intervento di Francesco Sforza (all'epoca al soldo dei Veneziani, coalizzati con Firenze contro Milano) nella battaglia di Barga (1437). Fu però nel 1440 che si giunse allo scontro decisivo: l'esercito milanese, guidato sempre dal Piccinino, fu battuto nella Battaglia di Anghiari (29 giugno 1440) dall'esercito fiorentino guidato dal cugino di Cosimo, Bernadetto de' Medici, dal filo-mediceo Neri di Gino Capponi (1388-1457) e da Micheletto Attendolo.

intonaci che non legavano con i colori miscelati con olio di noce. Il comprensibilissimo dolore per questo inaspettato avvenimento sembra aver aggiunto all'opera ulteriore bellezza...[9].
Della Battaglia di Anghiari si è perduta ogni traccia e nulla si sa in merito alla sua sorte. Il Salone dei Cinquecento di Palazzo Vecchio, che allora era la Sala del Maggior Consiglio della Repubblica di Firenze, è la più grande sala per la gestione del potere mai realizzata in Italia. Oggi è lunga 54 metri e alta 18, ma ai tempi

▲ Cavalieri alla Battaglia di Anghiari schizzo di Leonardo da Vinci.

di Leonardo era molto diversa: era più spartana e meno decorata. Fu Vasari a trasformarla su ordine di Cosimo I de' Medici: per accentuare l'imponenza della sala, la raccorciò e l'innalzò di ben 7 metri, su consiglio di Michelangelo. In alto fece realizzare il soffitto dorato a cassettoni su cui si scorge il trionfo di Cosimo, il nuovo duca di Firenze, e la sottomissione della città e dei quartieri. Ai lati dipinse sei affreschi, simbolo della potenza dei Medici: da una parte la presa di Siena e dall'altra la sconfitta di Pisa. Ovviamente tutte queste modifiche potrebbero aver distrutto il capolavoro di Leonardo, ma è anche vero che il Vasari aveva una grande ammirazione per Leonardo e che forse non avrebbe osato distruggere una sua opera. Si può citare il caso emblematico e per certi versi analogo della 'Trinità di Masaccio in Santa Maria Novella: nonostante l'opera fosse da Vasari ampiamente lodata nelle *Vite*, egli, chiamato ad aggiornare la decorazione della chiesa, non esitò a coprire l'affresco con un altare moderno e una nuova pala; l'opera non fu però distrutta, e fu possibile recuperarla nel 1860. Si può, quindi, supporre che Vasari abbia tentato, in qualche modo, di mantenere il dipinto, forse ricoprendolo. Indagini termografiche hanno rivelato che sulla parete ovest, quella che rappresenta la sconfitta dei Pisani, un tempo dovevano esserci quattro enormi finestre, oggi murate: alcuni studiosi, quindi, ritengono che Leonardo non avesse potuto dipingere su questa parete, date le dimensioni, ma piuttosto sulla parte est dove, invece, le aperture erano solo due. Il Vasari è molto chiaro nei suoi scritti: il lato sinistro della parete era riservato a Michelangelo, quello destro a Leonardo e, considerando tutte le modifiche che ha subito la sala, alcuni studiosi ritengono che il nucleo del dipinto probabilmente si trova nella zona sopra la porta di sud-est. Su questa zona della parete sono stati fatti dei saggi esplorativi ed è emerso, al suo interno, un secondo muro. I sondaggi però non hanno ancora permesso di sapere se le due pareti sono appoggiate l'una all'altra oppure se è stato lasciato un piccolo spazio vuoto, un'intercapedine, che tutelerebbe e proteggerebbe il dipinto leonardiano[10].

Come detto, molti pensano che l'affresco di Leonardo potrebbe trovarsi ancora oggi sulle pareti del Salone dei Cinquecento, sotto gli attuali dipinti, ma le rilevazioni effettuate finora non ne hanno mai dato prova. Nel maggio del 2007, su iniziativa del Ministero dei Beni Culturali, venne nominata la "Commissione per la Battaglia di Anghiari", che si occupò di compiere le indagini necessarie per accertare la presenza o meno dell'affresco di Leonardo sotto le opere del Vasari.

Le ricerche condotte da Maurizio Saracini all'interno di Palazzo Vecchio, a Firenze, semberebbero

---

9   Paolo Giovio, *Leonardi Vincii Vita*, in Girolamo Tiraboschi, *Storia della letteratura italiana*, Milano, per Nicolò Bettoni, anno 1833, pp. 365 segg.

10   https://it.wikipedia.org/wiki/Battaglia_di_Anghiari_(Leonardo)

confermare che dietro l'affresco la Battaglia di Marciano di Giorgio Vasari, nel Salone dei Cinquecento, possa effettivamente celarsi il dipinto di Leonardo.

Il più importante dei frammenti rinvenuti dal lavoro della equipe di Seracini dietro il dipinto vasariano è stato analizzato con un microscopio elettronico a scansione: ed è risultato praticamente identico al pigmento usato nella patina bruna della Gioconda e del San Giovanni Battista. Si tratta di un nero realizzato con Terra d'ombra (un pigmento inorganico detto anche Terra d'Umbria) e manganese miscelati con ferro. Ma il

▲ Studio di cavalieri e armati per la Battaglia di Anghiari di Leonardo da Vinci. Galleria dell'Accademia, Venezia

rapporto con il ferro è "anomalo". Si tratterebbe, secondo i ricercatori, di un *unicum* leonardesco, quasi una firma del genio toscano, utilizzato anche per dipingere la Gioconda.

Accanto a questi frammenti da lui ritenuti di *estrema rilevanza*, Seracini ha trovato anche frammenti rossi e puntinature nere.

Con una scannerizzazione ad alta risoluzione, i tecnici guidati da Seracini hanno potuto andare "dietro" al lavoro di Vasari: e individuare i punti già deteriorati dell'affresco che permettessero loro di passare al di là della parete, senza intaccare il dipinto vasariano, e osservare il muro. Di fatto le indagini sono state fatte solo su zone senza pittura o lesionate o ancora, ridipinte nell'800.

Fu così trovata una intercapedine di circa 1,5 cm, che sta tra il muro originario e quello "nuovo" (in mattoni, con uno spessore di circa 10 cm), sul quale è dipinta la battaglia di Marciano. Attraverso l'uso di speciali sonde endoscopiche si è riusciti a raggiungere l'intercapedine. E così sono stati trovati frammenti di cocciopesto, un pigmento di manganese e un cristallo di lacca. Tutti materiali - come detto - compatibili con le tecniche e i prodotti usati da Leonardo per preparare basi e colori. Lo studio multidisciplinare è stato promosso dalla *National Geographic Society* e dal *Center of Interdisciplinary Science for Art, Architecture and Archaeology* (CISA3) della University of California, San Diego (UCSD), assieme al Comune di Firenze.

Il dipinto di Leonardo, che per lungo tempo si pensava fosse andato distrutto a metà del XVI secolo con il rifacimento del salone dei Cinquecento, potrebbe trovarsi dietro la Battaglia di Marciano.

I dettagli della ricerca

I dati raccolti da Seracini e il suo team a sostegno dell'ipotesi che l'opera leonardesca si trovi dietro il Vasari si possono suddividere in quattro tipologie:

1) Il campione di materiale nero è stato analizzato con un microscopio a scansione elettronica con spettroscopia a raggi X a dispersione di energia (SEM-EDX), che identifica gli elementi chimici nel campione. Il materiale trovato dietro la parete del Vasari mostra una composizione chimica simile a quella del pigmento nero trovato nella patina bruna della Gioconda e del San Giovanni Battista di

Leonardo, così come identificati in una pubblicazione scientifica degli studiosi del Louvre che analizza tutti i dipinti leonardeschi della sua collezione.

2) Sono stati ritrovati frammenti di materiale rosso, probabilmente una lacca rossa di origine organica. Secondo gli esperti, è assai improbabile che questo tipo di materiale possa essere presente nel normale intonaco di un muro.

3) Le testimonianze visive ottenute con la sonda endoscopica ad alta definizione indicano che il materiale color beige visibile sulla parete può essere stato applicato solo con un pennello.

4) Il team di ricerca ha confermato la presenza di un'intercapedine tra il muro di mattoni su cui Vasari dipinse il suo affresco e il muro alle sue spalle. La scoperta suggerisce che il Vasari possa aver voluto conservare il capolavoro di Leonardo costruendovi una parete davanti. Questa ipotesi è avvallata anche dal fatto che nel salone non ci sono altre intercapedini. L'unico muro in più è quello della parete est[11].

▲ Studio per la Battaglia di Anghiari di Leonardo da Vinci.

Va però detto che tali indizi non sono per nulla definitivi, e che le indagini purtroppo si sono rivelate infruttuose destando polemiche e proteste nell'ambiente degli storici dell'arte e negli ambienti della cultura, malgrado le affermazioni dell'allora sindaco fiorentino Matteo Renzi[12] che dava per assodata la riscoperta dell'affresco leonardesco, ricevendo una secca risposta da parte della soprintendente Cristina Acidini che gettò acqua sul fuoco dei facili entusiasmi:

"Si tratta di una strada tortuosa. Ora bisogna approfondire questi primi risultati della ricerca e occorreranno mesi per svolgere le analisi necessarie. Qualcuno, alla fine, potrebbe anche rimanere deluso". La soprintendente al Polo museale della città di Firenze, Cristina Acidini, non si sbilancia sulla presunta scoperta a Firenze, nel Salone dei Cinquecento di Palazzo Vecchio, dell'affresco di Leonardo 'la Battaglia di Anghiari'. "Ad oggi - ha sottolineato Acidini - abbiamo solo la certezza che c'è un'intercapedine e che sono presenti le stesse sostanze che utilizzò Leonardo per la Gioconda e il San Giovanni Battista". La soprintendente ha anche precisato che solo una parte dell'affresco in questione (dimensioni ipotizzate: 17 metri x 5) potrebbe essere di Leonardo: quella centrale (3,5 metri x 4)[13]".

Per fortuna, da allora nessuno ha più avanzata la folle e peregrina idea di distruggere un capolavoro come la Battaglia di Marciano per cercare un assai improbabile affresco perduto, ma tutto ciò è significativo dell'ignavia e dell'ignoranza nei confronti della cultura.

11 https://www.focus.it/cultura/arte/la-battaglia-di-anghiari-c-e-ce-lo-dice-la-gioconda
12 "Dimostrato che la battaglia d'Anghiari c'è, chiedo al Governo di autorizzarci a verificare le condizioni in cui è. E tirarla fuori", ha scritto Renzi su Twitter. (La Repubblica, Firenze, 12 marzo 2012.)
13 http://firenze.repubblica.it/cronaca/2012/03/12/news/la_soprintendente_frena_qualcuno_potrebbe_rimanere_deluso-31405637/

▲ Cavaliere fiorentino ad Anghiari (da Paolo Uccello, disegno di Nadir Durand)

L'AFFRESCO DELLA *BATTAGLIA DI ANGHIARI* NELLE VITE DI GIORGIO VASARI

Per la eccellenzia dunque delle opere di questo divinissimo artefice, era tanto cresciuta la fama sua, che tutte le persone che si dilettavano de l'arte, anzi la stessa città intera disiderava ch'egli le lasciasse qualche memoria; e ragionavasi per tutto di fargli fare qualche opera notabile e grande, donde il pubblico fusse ornato et onorato di tanto ingegno, grazia e giudizio, quanto nelle cose di Lionardo si conosceva. E tra il gonfalonieri et i cittadini grandi si praticò che essendosi fatta di nuovo la gran sala del consiglio, l'architettura della quale fu ordinata col giudizio e consiglio suo, di Giuliano S. Gallo e di Simone Pollaiuoli detto Cronaca e di Michelagnolo Buonarroti e Baccio di Agnolo (come a'suoi luoghi più distintamente si raggionerà). La quale finita, con grande prestezza fu per decreto publico ordinato, che a Lionardo fussi dato a dipignere qualche opera bella; e così da Piero Soderini, gonfaloniere allora di giustizia, gli fu allogata la detta sala. Per il che volendola condurre Lionardo, cominciò un cartone alla sala del papa, luogo in S. Maria Novella, dentrovi la storia di Niccolò Piccinino, capitano del duca Filippo di Milano, nel quale disegnò un groppo di cavalli che combattevano una bandiera, cosa che eccellentissima e di gran magisterio fu tenuta per le mirabilissime considerazioni che egli ebbe nel far quella fuga. Perciò che in essa non si conosce meno la rabbia, lo sdegno e la vendetta negli uomini che ne'cavalli; tra quali due intrecciatisi con le gambe dinanzi non fanno men guerra coi denti, che si faccia chi gli cavalca nel combattere detta bandiera, dove apiccato le mani un soldato, con la forza delle spalle, mentre mette il cavallo in fuga, rivolto egli con la persona, aggrappato l'aste dello stendardo, per sgusciarlo per forza delle mani di quattro, che due lo difendono con una mano per uno, e l'altra in aria con le spade tentano di tagliar l'aste; mentre che un soldato vecchio con un berretton rosso, gridando, tiene una mano nell'asta e con l'altra inalberato una storta, mena con stizza un colpo, per tagliar tutte a due le mani a coloro, che con forza digrignando i denti, tentano con fierissima attitudine di difendere la loro bandiera; oltra che in terra fra le gambe de'cavagli v'è due figure in iscorto, che combattendo insieme, mentre uno in terra ha sopra uno soldato, che alzato il braccio quanto può, con quella forza maggiore gli mette alla gola il pugnale, per finirgli la vita: e quello altro con le gambe e con le braccia sbattuto, fa ciò che egli può per non volere la morte. Nè si può esprimere il disegno che Lionardo fece negli abiti de'soldati, variatamente variati da lui; simile i cimieri e gli altri ornamenti, senza la maestria incredibile che egli mostrò nelle forme e lineamenti de'cavagli: i quali Lionardo meglio ch'altro maestro fece, di bravura, di muscoli e di garbata bellezza. Dicesi che per disegnare il detto cartone fece uno edifizio artificiosissimo che, stringendolo, s'alzava, et allargandolo, s'abbassava. Et imaginandosi di volere a olio colorire in muro, fece una composizione d'una mistura sì grossa, per lo incollato del muro, che continuando a dipignere in detta sala, cominciò a colare, di maniera che in breve tempo abbandonò quella, vedendola guastare. Aveva Lionardo grandissimo animo et in ogni sua azzione era generosissimo. Dicesi che andando al banco per la provisione, ch'ogni mese da Piero Soderini soleva pigliare, il cassiere gli volse dare certi cartocci di quattrini; et egli non li volse pigliare, rispondendogli: "Io non sono dipintore da quattrini". Essendo incolpato d'aver giuntato da Piero Soderini fu mormorato contra di lui; per che Lionardo fece tanto con gli amici suoi, che ragunò i danari e portolli per ristituire, ma Piero non li volle accettare.

(*Vita di Leonardo da Vinci Fiorentino*)

▲ Il condottiero, forse Micheletto Attendolo, disegno preparatorio di Leonardo da Vinci

Avvenne che, dipignendo Lionardo da Vinci pittor rarissimo nella sala grande del Consiglio, come nella vita sua è narrato, Piero Soderini, allora Gonfaloniere, per la gran virtú che egli vide in Michele Agnolo, gli fece allogazione d'una parte di quella sala: onde fu cagione che egli facesse a concorrenza di Lionardo l'altra facciata, nella quale egli prese per subietto la guerra di Pisa. Per il che Michele Agnolo ebbe una stanza nello spedale de' Tintori a Santo Onofrio, e quivi cominciò un grandissimo cartone, né però volse mai ch'altri lo vedesse. E lo empié d'ignudi che, bagnandosi per lo caldo nel fiume d'Arno, in quello istante si dava all'arme nel campo, fingendo che gli inimici li assalissero; e mentre che fuor dell'acque uscivano per vestirsi i soldati, si vedeva dalle divine mani di Michele Agnolo disegnato chi tirava su uno, e chi calzandosi affrettava lo armarsi per dare aiuto a' compagni; altri affibbiarsi la corazza, e molti mettersi altre armi indosso, et infiniti, combattendo a cavallo, cominciare la zuffa. Eravi fra l'altre figure un vecchio che aveva in testa per farsi ombra una ghirlanda d'ellera, il quale, postosi a sedere per mettersi le calze che non potevano entrargli per avere le gambe umide dell'acqua, e sentendo il tumulto de' soldati e le grida et i romori de' tamburini, affrettandosi tirava per forza una calza; et oltra che tutti i muscoli e nervi della figura si vedevano, faceva uno storcimento di bocca per il quale dimostrava assai quanto e' pativa e che egli si adoperava fin alle punte de' piedi. Eranvi tamborini ancora e figure che coi panni avvolti ignudi correvano verso la baruffa; e di stravaganti attitudini si scorgeva chi ritto e chi ginocchioni o piegato o sospeso a giacere, et in aria attaccati con iscorti difficili. V'erano ancora molte figure aggruppate et in varie maniere bozzate, chi contornato di carbone, chi disegnato di tratti e chi sfumato e con biacca lumeggiato, volendo egli mostrare quanto sapesse in tale professione. Per il che gli artefici stupidi e morti restorono, vedendo l'estremità dell'arte in tal carta per Michele Agnolo mostra loro. Onde veduto sí divine figure (dicono alcuni che le videro) di man sua e d'altri ancora non s'essere mai piú veduto cosa che della divinità dell'arte nessuno altro ingegno possa arrivarla mai.

(Vita di Michelangelo Bonarroti Fiorentino)

▲ La battaglia di Anghiari. Particolare del diorama della battaglia al museo della cittadina toscana

BIBLIOGRAFIA

La battaglia di Anghiari, la guerra nel Medioevo e nel Rinascimento, ed altri temi

-Anghiari. Il paese della Battaglia. La magia dell'equilibrio in un paesaggio della Toscana, a cura di G.Mazzi, Toscana da svelare, vol. 1, Montevarchi 2014.
-Leonardo Aretino, La historia universale de'suoi tempi nella quale si contengono tutte le guerre fatte tra Principi in Italia e spetialmente dai Fiorentini. Sansovino, Venezia 1561.
-Argiolas, T., Armi ed eserciti del Rinascimento italiano, Roma 1983.
-Ascani, A,. Anghiari (dalle origini all'anno 1440), Città di Castello 1973.
-Balestracci, D., La festa in armi, Roma- Bari. 2001.
-Balestracci, D., Le armi, i cavalli, l'oro. Giovanni Acuto ed i mercenari nell'Italia del XIV secolo. Laterza, Roma- Bari. 2003.
-Balzani, U., Le cronache italiane nel Medio Evo, Milano 1884.
-Barbero, A.- Frugoni, C., Dizionario del Medioevo, Milano 1996.
-Baron, H., La crisi del primo Rinascimento italiano. Sansoni, Firenze 1970.
-Browning, O., The Age of Condottieri. A short history of medieval Italy from 1409 to 1530, London 1895.
-Brucker, G., Dal Comune alla Signoria. La vita pubblica a Firenze nel primo Rinascimento, Bologna. 1981.
-Burckhardt, J., La civiltà del Rinascimento in Italia, Roma 1987.
-Capponi N., La Battaglia di Anghiari. Il giorno che salvò il Rnascimento, Milano 2012.
-Cardini, F."La guerra nella Toscana bassomedievale", in Guerre e assoldati in Toscana 1260-1364, Firenze, 1982.
-F. Cardini, Storie Fiorentine, Firenze, 1994.
-Cardini, F., L'acciar de'cavalieri. Studi sulla cavalleria nel mondo toscano e italico (secc. XII-XV), Firenze, 1997.
-Cardini, F.,Quell'antica festa crudele. Guerra e cultura dal Medioevo alla Rivoluzione francese, nuova ed., Bologna, 2013.
-Cardini, F., M. Tangheroni, M. (curr.), Guerre e guerrieri nella Toscana medievale, Firenze, 1990.
-Cardini, F., M. Tangheroni, M. (curr.), Guerre e guerrieri nella Toscana del Rinascimento, Firenze, 1990.
-Giorgio Chittolini, G., La crisi degli ordinamenti comunali e le origini dello stato del Rinascimento, Bologna 1979.
-Cipolla, C., Storia delle signorie italiane dal 1313 al 1530. Vallardi, Milano 1881
-DeVries K., Livingston M., The Battle of Crecy: a Casebook, Liverpool 2015.
-Flori J., Cavalieri e Cavalleria nel Medioevo, Torino 1999.
-Giudici, P. E., Storia dei comuni italiani, Firenze 1966.
-Gothein, E., Il Rinascimento nell'Italia meridionale, Firenze 1915.
-Guicciardini, F., Storia d'Italia, Torino 1971.
-Hale, J. R., La civiltà del Rinascimento in Europa (1450-1620), Milano 1994.
-Heath, I., Armies of the Middle Ages, vol.1, 1300- 1500, London 1982
-Mallet, M., Mercenaries and Their Masters. London 1974 (trad. it. Signori e Mercenari. La guerra nell'Italia del rinascimento, Bologna 1983).
-Murphy, D.. Condottiere 1300- 1500. Infamous medieval mercenaries, Oxford 2007,.
-Meschini, M., Battaglie medievali, Milano 2005.
-Nencini, R., La Battaglia. Guelfi e ghibellini a Campaldino nel giorno di San Barnaba, Edizioni , Firenze 2001.
-Nicolle, D., Italian Medieval Armies 1300- 1500, Oxford 1983.
-Nicolle, D., Medieval Warfare Sourcebook. Warfare in Western Christendom, London 1999.
-Nicolle,D., Italian Militiaman 1260- 1392, Oxford 1999.
-Parker G. La rivoluzione militare; Bologna 2014.
-Pieri P., Il Rinascimento e la crisi militare italiana, 2° ed, Torino 1970.
-Predonzani, M., Anghiari 29 giugno 1440. La battaglia, l'iconografia, le compagnie di ventura, l'araldica, Rimini 2010.

- Rendina, C., *I Capitani di Ventura. Storia e segreti*, Roma 1985
- Romeo di Colloredo, P., *Et l'alifante battagliò con l'aquila. Vita parallela di Sigismondo Pandolfo dei Malatesti e Federigo II di Montefeltro*, Roma 2009.
- Romeo di Colloredo, P., *La battaglia dimenticata. Monte Celio 1498*, Bergamo 2016.
- Romeo di Colloredo, P., Venturi, M., *Montaperti 1260*, Bergamo 2018.
- Rossi, L., *La guerra in Toscana (1447- 48).*, Firenze. 1903
- Salvini M., Lelli P. (a cura di): *Le memorie celate. Il paesaggio archeologico nella terra di Anghiari*. Catalogo della mostra, Sansepolcro 2009.
- Simeoni, L., *Storia politica d'Italia. Le signorie*, Milano 1950.
- de Sismondi, J. Ch., *Storia delle repubbliche italiane nel medioevo*, Roma 1968.
- Tenenti, A., *L'Italia del Quattrocento. Economia e società*, Roma- Bari 1996.
- Zöllner, F., *La battaglia di Anghiari di Leonardo da Vinci fra mitologia e politica*, Firenze 1998.

Documenti diplomatici e d'archivio

- Alberi, E., *Le relazioni degli ambasciatori veneti al Senato*. Tip. all'insegna di Clio, Firenze 1839-1855
- degli Albizzi, R., *Commissioni per il Comune di Firenze* (Aa cura di C. Guasti), Firenze 1867
- Angelucci, A., *Niccolò Piccinini ed il ducato di Milano. Lettere e memorie inedite tratte dall'archivio comunale di Como*, Perugia 1864
- *Carteggio tra i Bentivoglio e gli Estensi dal 1401 al 1512*. Atti e Memorie della R. Deputazione di Storia Patria per le Provincie di Romagna, Bologna 1900
- *Deliberazioni Miste Consiglio dei Dieci*. Comitato per la pubblicazione delle fonti relative alla storia di Venezia, Padova 1967
- Gaeta, F., *Nunziature di Venezia*, Roma 1958
- Lupi, C., Delle *relazioni fra la repubblica di Firenze e i conti e duchi di Savoia*. Giornale Storico degli Archivi Toscani. VII, Firenze. 1863
- Luzio, A., *L'archivio Gonzaga di Mantova. La corrispondenza familiare, amministrativa e diplomatica dei Gonzaga*, Verona. 1922
- Machiavelli , N., *Opere. Legazioni e commissioni.*, Milano 1821
- Minieri Riccio, C., *Notizie storiche tratte da 62 registri angioini dell'archivio di stato di Napoli*, Napoli 1877
- Osio L., *Documenti diplomatici tratti dagli archivi milanesi*, Milano 1874-1887
- Segarizzi, A., *Relazioni degli ambasciatori veneti al Senato*. Laterza, Bari 1913
- Theiner, A., *Codex diplomaticus dominii temporalis S. Sedis*, Roma 1861-1862
- Torelli, P., *L'archivio Gonzaga di Mantova*, Ostiglia 1920

Testi di metodologia e teoria archeologica

- Borgia L. et alii, *First results of Waterborne Geophysical Surveys around the Malpasso Site (Tuoro sul Trasimeno, Italy) for geological and archaeological characterization*, Atti del 32° Convegno Nazionale (Trieste, 19-21 novembre 2013), "GNGTS", 3, 2013, pp. 186-189
- Cambi F., *Archeologia dei paesaggi antichi: fonti e diagnostica*, Roma 2005.
- Carandini A., *Storie della terra. Manuale di scavo archeologico*, Torino 2000.
- Francovich R., Manacorda D., *Dizionario di archeologia,*, Roma-Bari 2006.
- Giannichedda E., *Archeologia teorica*, Roma 2002.
- Guidi A., *I metodi della ricerca archeologica*, Roma- Bari 2005.

Archeologia militare

- Branigan, K., *Roman Britain. Life in an Imperial Province*, London 1980
- Carman J., *Archaeologies of Conflict*, London 2014
- Campillo X. R., Cardona F.X., Cela J.M., *Simulating archaeologists? Using agent-based modelling to improve battlefield excavations*, "Journal of Archaeological Science", n. 39, 2012

-Clunn, J.A.S., *In Search of the Lost Legions: the Varusschlacht*, London 1999
-D'Arragon, B, *Teutoburgo. Ricerca di una battaglia*, "Archeologia Viva", n.67. gennaio- febbraio 1998
-Fernandez-Gotz M., Roymans N., *Battlefield Archaeology, Exploring the Materialities of Conflict*, "The European archaeologitst", 46, Autumn 201.
-*Finding the Church of San Roman in Burgos, Spain*, "Coventry and District Archaeological Bulletin", marzo/aprile 2015
-Foard G., *The Archaeology of English Battlefields: Conflict in the Pre-Industrial Landscape*, Council for British Archaeology, York 2012.
-Formica di Cirigliano, F., "Montaperti e l'archeologia militare", in Romeo di Colloredo, P., Venturi, M. , *Montaperti 1260*, Bergamo 2018.
-Gallorini S., *La Battaglia del Trasimeno. Riesame della sua localizzazione*, Cortona 1994.
-Garrett C.L., *The Advanced Handbook on Modern Metal Detectors*, Garland 1985.
-Keefe McNutt R., *Finding Forgotten Fields: A Theoretical and Methodological Framework for Historic Landscape Reconstruction and Predictive Modelling of Battlefield Locations in Scotland, 1296-1650*, PhD dissertation, Centre for Battlefield Archaeology, School of Humanities College of Arts, University of Glasgow, Glasgow 2014.
-McKinnon J. F., Carrel,T. L., *Underwater Archaeology of a Pacific battlefield*, New York 2015.
-Mc Nally. M., *Teutoburg Forest 9 AD. The Destruction of Varus and his Legions*, Oxford 2011.
-Montesanti A., *Talamon / Telamone. La Battaglia e il Tempio*, "Storia. Rivista *online* di storia e informazione", marzo-giugno 2015, pp 10-13.
-Ramírez Galán M., *Archaeology and Battlefields in Ciudad Real*, "Archaeological Research & Ethnographic Studies", 4 (2016)
-Romeo di Colloredo, P.,*Archeologia del campo di battaglia*, in *Cuil Lodair, il sangue dei clan. La battaglia di Culloden Moor e la fine della Scozia*, Bergamo 2016.
-Sabatini R., Pellicci G., *Annibale e Flaminio-considerazioni e critiche sull'ubicazione della battaglia presso il Trasimeno (217 a.C.)*, Cortona 1985.
-Scott D., *Systematic Metal Detector Survey and Assessment of Fire Effects of the Rosebud Battlefield State Park, Montana*, Working paper, aprile 2016.
-Scott D., Babits L., *Fields of Conflict: Battlefield Archaeology from the Roman Empire to the Korean War*, Westport 2008.
-Scott D., Fox, R. A., *Archaeological Insights into the Custer Battle: An Assessment of the 1984 Field Season*, Norman 1987.
-Scott, D., Fox, R.A., Connor, M.A., Harmon, D., *Archaeological Perspectives on the Battle of Little Bighorn*, Norman 1989.
-Sutherland T., *Archaeological Metal Detector Survey on the Acknowledged Site of the Battle of Agincourt*, 2002 (copyright T.L. Sutherland)
-Sutherland T., *Trascrizione di due lettere del Col. J. Woodford al fratello Alexander riguardanti scavi personali effettuati sul sito della battaglia di Agincourt, datate 20 e 28 febbraio 1818*, 2002 (copyright T.L. Sutherland)
-Sutherland T. L. & Holst M., *Battlefield Archaeology: A Guide to the Archaeology of Conflict*, British Archaeological Jobs Resource, 2005
-Veninger J., *Archaeological Landscapes of Conflict in twelfth-century Gwynedd'*, PhD thesis abstract
-Wijnen J., *Conflict Archaeology versus Battlefield Archaeology in the Netherlands*, "Journal of Community Archaeology & Heritage", 3, 2016, n. 1
-Williams,T.J.T., *For the Sake of Bravado in the Wilderness: Confronting the Bestial in Anglo-saxon Warfare*, in M.D.J. Bintley e T.J.T.Williams (eds.), *Representing Beasts in Early Medieval England and Scandinavia*, Woodbridge, 2015
-William, T.J.T., *Landscape and Warfare in Anglo-Saxon England and the Viking Campaign of 1066*, "Early Medieval Europe", 23, 3, 2015, pp. 329-359.

Siti internet

https://www.academia.edu/8835382/A_Musci_A_Savorelli_Giorgio_Vasari_cerca_trova._La_storia_dietro_il_dipinto.

http://archeologiamedievale.unisi.it/miranduolo/

www.combatarchaeology.org

http://www.corriere.it/cronache/18_gennaio_29/se-condottieri-rinnegano-0079a412-03b0-11e8-93bb-ec4b-b3ac447d.shtml

https://www.difesa.it/InformazioniDellaDifesa/Pagine/niccolo-machiavelli.aspx

http://mapire.eu/en/

http://palermo.blogsicilia.it/tombaroli-arrestati-con-il-metal-detector-cercavano-monete-antiche/352472/

http://www.nationalgeographic.it/multimedia/2017/05/24/video/le_fionde_degli_antichi_romani_letali_come_una_44_magnum-3540182/1/?ref=RHPF-WN

http://roman-britain.co.uk/places/burnswark.htm

http://virgo.unive.it/archeolab/index.php?it/298/san-lorenzo-dammiana-ve

https://www.youtube.com/watch?v=2-Txoo6mZKU

https://www.youtube.com/watch?v=IhAXPI3ueW0

https://www.youtube.com/watch?v=IjfiXw6meoA#t=2.177437

https://www.youtube.com/watch?v=XXW0b8GTIvw&t=1585s

https://it.wikipedia.org/wiki/Usipeti#Identificazione_del_luogo_dello_scontro_tra_Cesare_e_Usipeti_e_Tencteri

https://savingplaces.org/stories/interview-qa-little-bighorn-archaeologist-douglas-scott#.WlZUGHmQyM8

http://stemmieimprese.it/2011/01/18/stemmi-e-imprese-della-battaglia-di-anghiari-dipinta-sul-fronte-di-cassone-conservato-alla-national-gallery-di-dublino-3/

https://www.unifi.it/upload/sub/assegni/2014/dida_dd11_280114_prog.pdf

https://www.youtube.com/watch?v=IhAXPI3ueW0&t=4s

http://www.viagginellastoria.it/archeoletture/archeologia/1938campibattagliaromani.htm

TITOLI PUBBLICATI - ALREADY PUBLISHING

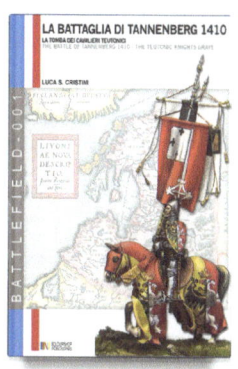
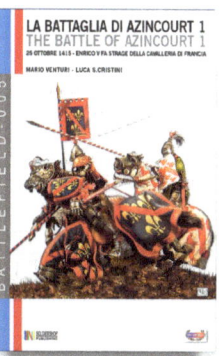
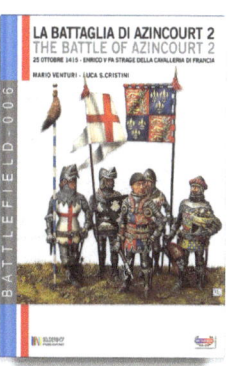
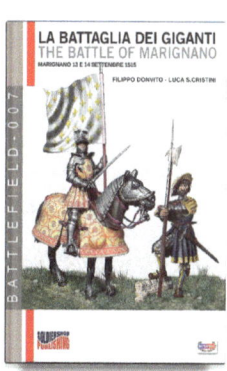
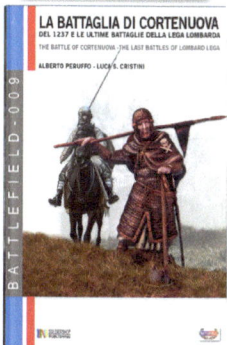
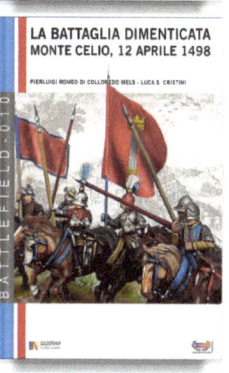
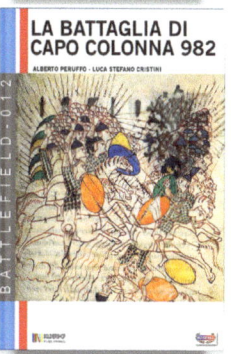
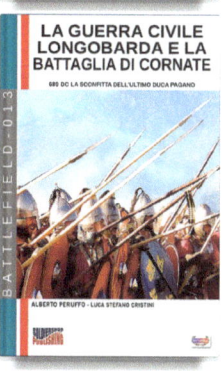
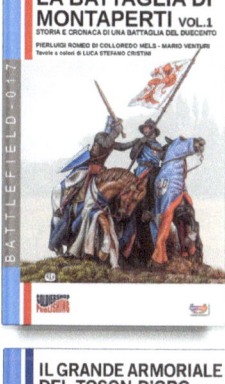

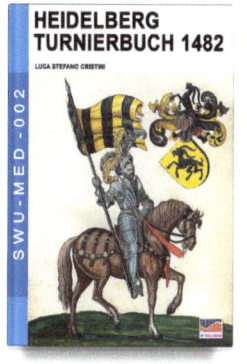

www.ingramcontent.com/pod-product-compliance
Lightning Source LLC
Chambersburg PA
CBHW041542220426
43664CB00003B/34